感谢国际关系学院2019年本科人才培养质量提升工程项目的资助

曹玮 / 著

国际关系理论教程

中国社会科学出版社

图书在版编目（CIP）数据

国际关系理论教程／曹玮著．—北京：中国社会科学出版社，2020.9（2023.5 重印）

ISBN 978 - 7 - 5203 - 6961 - 9

Ⅰ．①国… Ⅱ．①曹… Ⅲ．①国际关系理论—教材 Ⅳ．①D80

中国版本图书馆 CIP 数据核字（2020）第 145667 号

出 版 人	赵剑英
责任编辑	赵　丽
责任校对	张依婧
责任印制	王　超

出　　版	中国社会科学出版社
社　　址	北京鼓楼西大街甲 158 号
邮　　编	100720
网　　址	http://www.csspw.cn
发 行 部	010 - 84083685
门 市 部	010 - 84029450
经　　销	新华书店及其他书店
印　　刷	北京明恒达印务有限公司
装　　订	廊坊市广阳区广增装订厂
版　　次	2020 年 9 月第 1 版
印　　次	2023 年 5 月第 3 次印刷
开　　本	710×1000　1/16
印　　张	16.5
字　　数	215 千字
定　　价	95.00 元

凡购买中国社会科学出版社图书，如有质量问题请与本社营销中心联系调换
电话：010 - 84083683
版权所有　侵权必究

序　　言

　　这本教材是在为国际关系学院本科生和研究生开设国际关系理论课的课程讲义基础上撰写的，可作为国际关系专业本科国际关系理论课程的教材，或者作为本科为非国际关系专业的硕士研究生的入门参考书。

　　我在备课和教学过程一个比较深的体会是，目前国内的国际关系理论书籍大都难以完全契合本专业本科生"通识性"学习国际关系理论的需要。一部分理论著作的确展现出作者扎实雄厚的理论功底和学术造诣，但内容有时过于抽象艰涩，不太适合作为本科生的理论入门教材。还有一些教材从形式上看是专题式的文集，由不同领域的专家合作完成，这种形式的好处是每个理论专题都能讲得相对深入和前沿，但在理论观点、语言表述等方面有时难免会欠缺一定的一致性，有时会引起学生不必要的困惑。当然，使用英文原版或翻译版教材也是一个不错的选择。国外教材的特点是视角宏大、资料丰富、论述深入，但所举的例子中国学生相对不太熟悉，这增加了中国学生理解和运用相关理论的难度。与现有教材相比，本书大致具有以下三个特点：

　　一是注重用案例阐释理论背后的原理。在众多国际关系理论经典著作中，可读性相对较强，或者说比较容易让学生读懂而不产生畏难情绪的代表性著作是摩根索的《国家间政治》。这并不是说其他理论著作不够专业，而是说对于国际关系的初学者而言，其他著作的理解门槛更高。这除了国际关系理论发展本身所存在的知识积累效应以外，也与不同著作的写作方式有很大关系。在《国家间政治》一书中，几乎在提出每一个观点之后，摩根索都会列举与其有关的具体案例，从而在最短的时间内帮助读者建立抽象理论与经验现象之间的联系。受他的影响和启发，我在授课中会特别注意用国际关系实例以及发生在身边的例子来阐释相关的理论概念和命题。这种授课方式也直接体现在了本书的表达方式中。书中提及的例子既包括了国际关系史中的经典案例，如三十年战争、第一次世界大战、第二次世界大战等，也包括了近期发生的热点时事，比如乌克兰危机、朝核问题等。此外还包括了许多鲜活的生活案例，比如婆媳关系、男女朋友关系等，还涉及了其他学科的例子，比如物理学的自由落体运动、经济学的经济适用房问题等。希望通过将这些案例与理论知识相结合，帮助同学们更轻松地理解和掌握国际关系的基本理论，并且做到学以致用。

二是兼顾主流理论和多元理论认知。由于是面对国际关系理论的初学者，因此本书主要介绍的是现实主义、自由主义和建构主义这三个主流范式的主干性知识，重点讲解了各范式代表性学者的经典理论陈述，包括古典现实主义的摩根索的理论，结构现实主义的华尔兹的理论，新自由制度主义的基欧汉的理论等。同时，本书也对各理论流派的一些重要的理论分支进行了适当扩展，介绍了相关代表性学者的理论成果。比如新古典现实主义部分介绍了沃尔福斯、柯庆生以及施维勒等人的观点，建构主义部分除重点讲述温特的社会建构主义之外，还介绍了江忆恩、费丽莫等人的学术观点。

三是注重培养学生的批判性思维。正如本书第二章里讲到的，学习国际关系理论，除了了解和掌握具体的理论知识之外，同样重要甚至更重要的，是学习那些创造了这些国际关系理论的学者们那种不迷信、不盲从、勇于挑战前辈权威的批判精神。因为由于这种可贵的批判精神，才有了国际关系理论发展史上那一次次伟大的论战，才有了不断进步和拓展的国际关系理论，国际关系这门学科才因此而变得充满活力。为了培养学生的批判意识和批判性思维能力，本书各章在讲述完各理论相关知识点之后，都安排了理论评价部分，从概念界定、推演逻辑、经验事实等角度对所介绍的理论进行了简要批评。希望通过这种方式，打破同学们对经典理论的盲目崇拜，提高理性分析和独立思考的能力。

本书的章节安排如下：

前两章讲述了国际关系学的学科定位以及何为理论。一门学科究竟属于哪一个大的学科分类，是人文学科、社会科学还是自然科学，从根本上决定了该学科应该如何构建、评价和学习理论，为此，第一章首先明确了国际关系学的社会科学属性，第二章讨论了理论的定义，介绍了评价和学习国际关系理论的方法。

第三章从宏观视角介绍了自 1919 年国际关系学科创立至今一百年来的发展历史。这部百年学科发展史无疑也是一部不同理论范式流派之间的论战史。迄今为止，国际关系理论界一共发生过四次大的论战，每次论战都从不同角度推动了国际关系学科的进步。

第四章到第七章是对现实主义范式的介绍。这四章以现实主义范式内部的发展脉络为主线，重点讲解了古典现实主义、结构现实主义和新古典现实主义。第八章到第十一章介绍了自由主义范式的三个主要理论，分别是商业自由主义、共和自由主义和新自由制度主义。第十二章介绍了社会建构主义的代表性理论成果。除此之外，第十三章和第十四章补充讲述了联盟理论和国际规范理论这两个重要的国际关系中层理论。之所以把联盟理论单独作为一章加以讨论，是因为它研究的对象是国家间所能实现的高政治领域最高水平的合作，联盟政治对于我们理解国家间的合作问题至关重要。国际规范的重要性则体现在，它是现实主义、自由主义和建构主义都在关注和研究的议题。对国际规范相关理论的剖析，可以很好地展示各理论范式是如何从不同视角研究这一相同而重要的议题的，从而加深学生对各理论范式思想的理解。

最后一章介绍了中国的国际关系理论创新。经过数十年的发展和积累，如今的中国国际关系学已经进入初步理论创新阶段。中国国际关系学者在批判性地继承西方国际关系理论的基础上，通过积极借鉴中国传统政治思想和其他学科知识，已经开始提出原创性的宏观理论。本章介绍了其中几项最具代表性的创新成果。

在教学和撰写这本教材的过程中，我要特别感谢以下学者对我的影响和帮助，他们严谨的治学态度让我从不敢缺失对学术的敬畏之心，他们是阎学通、孙学峰、漆海霞、刘丰、周建仁和齐皓等师友。

感谢杨原博士。从决定写这本书起，杨原博士就与笔者讨论教材的基本架构和教材的写作方向。写作过程中，对有争议的知识点，我们也进行了反复讨论。初稿完成后，他对全书内容进行了校阅，这增强了我对本书知识点准确性的信心。

感谢国际关系学院教务处、教师发展中心对课程教学改革和本教材出版的大力支持。

遗憾的是，限于篇幅和课程容量，本书没有涉及马克思主义国际关系理论和英国学派的相关内容。好在这两个领域目前已经有很好的梳理性著作，可以作为本教材的补充。本书的所有错漏由笔者负责，欢迎读者朋友帮助指出。国际关系理论分支众多、头绪繁杂，要想学好国际关系理论，强烈建议同学们在使用本教材的同时，广泛涉猎国际关系理论的经典专著。

曹 玮
2019 年 11 月

目 录

- 1 　第一章　作为社会科学的国际关系学
- 11 　第二章　理论概述
- 13 　　　　第一节　理论的含义与功能
- 18 　　　　第二节　如何评价和学习理论
- 27 　第三章　国际关系理论的四次论战
- 29 　　　　第一节　第一次论战：理想主义与现实主义
- 33 　　　　第二节　第二次论战：传统主义与行为主义
- 35 　　　　第三节　第三次论战：新现实主义与新自由主义
- 37 　　　　第四节　第四次论战：理性主义与建构主义
- 43 　第四章　范式与现实主义的思想渊源
- 45 　　　　第一节　国际关系理论分类与范式
- 48 　　　　第二节　现实主义范式的思想渊源
- 57 　第五章　古典现实主义
- 60 　　　　第一节　国家间政治的本质
- 62 　　　　第二节　国家权力理论
- 69 　　　　第三节　限制国家权力的方式
- 77 　第六章　结构现实主义
- 80 　　　　第一节　理论与理论构建

82	第二节	国际政治系统的结构
85	第三节	均势与体系稳定
89	第四节	无政府状态下的合作与冲突

93　第七章　新古典现实主义

95	第一节	新古典现实主义的理论思路
103	第二节	新古典现实主义的代表成果

109　第八章　自由主义范式与思想渊源

123　第九章　商业自由主义

126	第一节	相互依赖的含义
131	第二节	经济相互依赖与和平

139　第十章　共和自由主义

142	第一节	民主和平论的思想渊源与早期实践
144	第二节	民主和平的经验证据与因果逻辑
149	第三节	对民主和平论的批评

155　第十一章　新自由制度主义

158	第一节	新自由制度主义提出的背景
160	第二节	新自由制度主义的理论假定和研究问题
163	第三节	新自由制度主义的理论构建及其评价

175　第十二章　建构主义

177	第一节	建构主义的基本理念
181	第二节	温特的建构主义理论
189	第三节	建构主义的实证研究及其批判

199　第十三章　联盟理论

201	第一节	联盟的定义
206	第二节	联盟的形成

211	第三节　联盟的管理
215	**第十四章　国际规范理论**
217	第一节　规范的定义及作用
222	第二节　国际规范的产生和退化
231	**第十五章　中国的国际关系理论创新**
240	**参考文献**

第一章
作为社会科学的国际关系学

作为社会科学的国际关系学

一 为什么要学国际关系理论?

国际关系理论是国际关系学专业最为重要的核心课程之一。在学习国际关系理论之前,首先需要回答的一个问题是:为什么要学习国际关系理论?

事实上,不管是否学习过国际关系理论,我们每天都可以通过各种渠道了解众多的国际关系现象。这就像学不学物理学理论的人,都可以在生活中观察到许多物理现象一样。不管是否学过理论,每个人都会对看到的现象得出自己的理解和认识。但是,学过一个学科的理论和没学过这个学科理论的人,对这个学科现象的理解和认识是存在差异的。

举例来说,日食是自然界当中的一个天文现象。不懂天文学理论的人看见这个现象会感到非常奇怪。在科学知识更加匮乏的古代,人们甚至会以为是天狗把太阳吃掉了,还会因此担心有灾难即将降临。但是学习过天文学理论的人知道,这不过是地球和月球的公转所造成的正常自然现象,当然也就不会觉得恐慌。可见,面对同一个自然现象,懂科学理论的人和不懂科学理论的人的认识可能会非常不一样。

面对社会现象同样是这样。比如，政府出台政策为低收入群体提供廉租房。有经济学家对此提出，建议廉租房不要修独立卫生间。许多不懂经济学理论的人看到这个建议的第一反应就是觉得他们缺乏怜悯之心，认为穷人不配住带独立卫生间的房子。但是懂经济学理论的人就会知道，这个建议本质上是一种信息甄别机制：只有那些真正低收入的人才愿意购买和居住没有独立卫生间的房子，而那些伪装成低收入的富人则不愿这么做，通过不带独立卫生间这样一种方式就能有效识别和过滤出真正符合廉租房购买要求的人群，从而避免廉租房这种宝贵而有限的社会资源被富人占有，使尽可能多的穷人能够享受这种福利。同样是看到这条消息，懂经济学理论的人非但不会骂这些经济学家，反而会钦佩他们扎实的理论功底和将理论灵活运用于现实的能力，会赞扬他们为低收入群体仗义发声的社会责任感和为穷人争取权益的社会良心，会支持他们提出的建议。

懂和不懂经济学理论的人，对同一个经济问题会产生如此截然相反的认识。懂和不懂国际关系理论的人，对同样属于社会现象的国际关系现象，也同样会存在这样的认识差异。2016—2017年，朝核问题一度使朝鲜和美国的关系非常紧张，特朗普甚至一度扬言不惜以武力解决朝核问题。而就在同一时期，朝鲜却主动疏远甚至破坏与中国的关系，比如在中国敏感日期进行核导试射，在其官方媒体点名批评中国。面对这一现象，不懂国际关系理论的人往往会指责朝鲜此举是"忘恩负义"，忘记了中国在抗美援朝战争中为保卫朝鲜所做出的巨大贡献。而懂国际关系理论的人就会知道，朝鲜这样做是弱国面对强敌军事威胁而确保自身生存的一种策略，即通过类似"破釜沉舟"这样的"自断退路"的做法，向美国证明自己不惜使用核武器以保卫自身安全的决心，从而威慑美国可能的军事打击。

从这些例子可以看到，懂理论的人和不懂理论的人对同一现象的认识会有很大不同，前一类人对现象的认识会更深刻，更逼近问题的本质，更富有智慧的启发性。所以，国际关系理论是否有用，是否有必要学习国际关系理论，这些问题的答案也就不言自明了。可以肯定地说，如果对国际关系感兴趣，想更专业、更准确地认识和理解国际关系现象，学好国际关系理论是必备条件。

二 作为社会科学的国际关系学

要学好国际关系理论，必须首先明确国际关系这门学科的学科属性。国际关系学究竟是一门什么样的学科，它属于哪种学科类型，直接决定了理论家如何去发展和创造这个学科的理论，同时也决定了如何去评价和学习该学科的理论。所有学科大致可以分为三类：自然科学、社会科学和人文学科。国际关系学属于社会科学的范畴。因此要想准确理解国际关系的学科属性，必须首先理解什么是社会科学。我们可以从研究对象、研究目的和研究方法三个维度来定义社会科学。

首先，社会科学研究的对象是社会现象。社会现象是指一切与人的社会行为（区别于生理行为）相关的现象。经济学、政治学、社会学等社会科学所研究的对象都是不同领域的社会现象。在研究对象上，社会科学与人文学科有一定的重合，而与自然科学完全不同，自然科学研究的是自然现象。

其次，社会科学的研究目的是"求真"。这一点与自然科学一致，而与人文学科不同。人文学科关注的是什么东西是美的、什么东西是善的，而社会科学核心关注的是"真"，致力于探究社会现象客观上是如何出现、如何运转、如何演变的。换句话说，社会科学主要关心的是社会现象背后的原因。

最后，社会科学研究遵循逻辑和实证方法，这一点也与自然科学接近，而与人文学科有较大差异。因为社会科学研究的目的是

"求真",获得客观的知识,所以社会科学研究须要遵循提出问题、文献回顾、提出假设、实证检验这样一套基本的研究路径。是否遵循这种研究路径,是区分社会科学研究和人文学科研究的一个重要标志。

为了更深刻地理解社会科学的学科属性,不妨将其与自然科学和人文学科再分别进行比较。

(一) 社会科学和自然科学的区别

社会科学和自然科学的区别主要有三点。第一,研究的对象是否具有主观能动性。自然科学的研究对象没有主观能动性。不管研究人员是否研究这个自然现象,不管研究的结论如何,自然现象本身都不会受研究活动和研究结论的影响,它只会按照自己固有的规律和性质运动和演变。比如对天气的预测。不管如何预测第二天的天气,天气状态都不会因这个预测行为本身而发生改变。社会科学研究则不同。由于研究对象具有主观能动性,因此社会科学研究行为本身会对研究对象产生影响,这种影响有可能使本来会出现的现象不再出现。比如有国际关系理论预测中美两国将掉入"修昔底德陷阱"。因为这个预测,中美两国就会特别注意防范和管控相互间的冲突,想方设法防止冲突升级,这样一来就会使原本有可能真的会出现的"修昔底德陷阱"变得不再发生。这种情况叫作"自我否定的预言"。还有一种情况,社会科学研究的结果会使原本不会发生的事件发生,这叫"自我实现的预言"。例如,学界有观点认为,美苏冷战就是这样一个"自我实现的预言":第二次世界大战刚结束时,有美国学者指出,美苏两国由于国家利益和意识形态的分歧,将很快成为敌人,因此美国应尽可能遏制苏联以防范其对美国构成挑战;受这种遏制理论的影响,美国采取了积极防范苏联的举动,这些举动增加了苏联对美国的敌意并引发了苏联的反制措施,双方在这种恶性循环中引发了原本可能不会发生的冷战。无论是"自我否定的预言"还是"自我实现的预言",都根源于社会科学研究对象的主观能动性,这个问题是自然科学所不存在的。

第二,研究对象是否具有相同的本质。自然科学有一个基本假定:自然科学理论所解释的对象都具有相同或至少相似的本质。例如,力学理论假定,不管是地球、太阳这样的天体,还是桌子、板凳这样的物品,本质上都是有质量的实体,都可以简化为质点。正是因为有这样的假定并且这种假定在一定程度上可以成立,所以物理学理论既能够解释太阳、地球这样的天体运动,也能解释桌子、板凳这样的地面物体运动。而社会科学的研究对象之间的相似性很低,相反差异性很高。这意味着,一个能够解释大国间战争的理论,有可能解释不了小国与小国间战争的原因。能够解释欧洲区域合作的理论,有可能解释不了东亚区域合作的原因。

第三,社会科学的研究对象和研究主体都会受到价值观、情感等非物质因素的影响。作为国际关系学最重要的研究对象,国家本身就会受到价值观、情感等因素的影响。这决定了社会现象不能像自然现象那样仅仅用物质性因素就可以完全解释,或者说社会科学理论的解释变量不能完全还原为物质性因素。因此反思主义理论认为,国际关系的研究者必须尽可能将自己代入研究对象所处的具体情境,才能得出真正准确的理解。此外,作为研究主体的研究人员自己也同样会受到价值观和情感等因素的影响。研究人员研究什么问题、提出什么样的理论、怎么评价他人的理论,都很难完全排除价值观和情感的影响。比如说,列宁的帝国主义战争论,就很难被资本主义国家的学者所接受,而民主和平论又很难被社会主义国家的学者所接受。同样是试图从政治因素角度理解国际经济现象,美国学者提出的理论叫"霸权稳定论",而拉美国家的学者提出的则是基于"剥削—被剥削""中心—边缘"视角的"依附理论"。

了解了社会科学和自然科学的区别,我们就能理解社会科学理论为什么会在预测的准确性、解释的普适性和观点的客观性等方面明显弱于自然科学理论。这是社会科学的固有特点所决定的。

(二) 社会科学和人文学科的区别

社会科学和人文学科的区别主要体现在两个方面。第一，研究的目的不同。社会科学求真，而人文学科求善、求美。因此，社会科学主要关心的是社会现象的原因，而人文学科关心的是社会现象的意义。正因如此，社会科学理论的主体是解释性理论，而人文学科理论的主体是诠释性理论。此外，因为社会科学求真，所以对于社会科学理论来讲，它的理论要符合形式逻辑的要求（比如概念的定义清晰可操作、推论符合三段论等），符合实证研究程序，命题要有可证伪性。人文学科理论在这些方面的要求要低得多，人文学科理论不要求有那么强的逻辑性，而可以是思辨性的、感悟性的，也不要求实证，有些人文学科理论也无法证实，并且也不要求命题可证伪。

第二，研究的方式不同。社会科学认为，研究主体和研究对象是可以分开的。在研究过程中，研究主体应该并且能够独立于研究对象，能够从相对客观的视角去认识和理解研究对象。所以，社会科学主张用与自然科学相似的方法研究社会现象。而人文学科则认为，研究主体和研究对象相互影响，研究主体很难独立于研究对象。所以，人文学科认为不能用自然科学的方法来研究，主张研究者应该尽可能地沉浸于他所研究的社会情境中，使用代入式、体验式的方法进行研究，并且认为理论最多只能够帮助人们理解社会现象，而很难像解释自然现象一样去解释社会现象。

了解了社会科学的属性，又知道国际关系是一门社会科学，就能够用社会科学的标准去创造、看待、理解和评价国际关系理论。比如说，国际关系理论的解释对象应该是国际关系现象，而不能是别的领域的现象，也不应该是某种思想。再比如，国际关系理论的主要目标不是评价某一国际关系现象好不好、对不对，而是尽可能客观地解释该现象发生的原因。例如，国际关系学发展早期的理想主义理论，它主要关注的是什么样的国家行为是好的行为，因此偏离了社会科学理论的目标，从上述标准来看，理想主义就不是一种好的国际关系理论。又如，国际关系理论产生的过程应当遵循实证主义的研究路径。同样是国际关系学发展早期的古典现实主义，其创建过程就不太符合实证研究路径。依据这个标准我们可以说，古典现实主义的科学化程度不高。

思考题

1. 国际关系学者和国际问题爱好者的核心区别是什么？
2. 为什么说国际关系学属于社会科学而不是人文学科？

第二章
理论概述

理论的含义与功能

如何评价和学习理论

理论概述

第一节 理论的含义与功能

一 理论的含义

作为社会科学的国际关系学，它所说的理论的含义是什么呢？在科学领域，理论就是对可以观察到的、重复出现的现象的一般性解释。比如，国际关系领域中，战争是一种反复出现的现象。那么，对战争爆发原因的一般性解释（而不是对某场具体战争的具体解释）就是关于战争的理论。不同的国际关系学者从人性、国内政治、国际体系等不同角度出发，对战争的一般性原因提出了不同的解释，由此也就提出了不同的战争理论。战争与和平被认为是国际关系永恒的主题，所以战争理论也就构成了国际关系学的主干性理论。

科学理论有两个核心任务，一个是确定所研究现象的原因，另一个是揭示该原因导致所研究现象的作用过程，也就是所谓的因果机制。因果机制就是对因果关系的解释，就是阐释原因是如何一步步作用传导，最终导致结果发生的。比如理论要解释现象 B，它需要首先找到并确定导致现象 B 的原因，比如 A；然后它还需要说明 A 是如何导致 B 的，这时理论就需要找到 A 与 B 之间的因果机制，比如是因为 A 导致了 a，a 又导致了 b，b 最终导致了 B。以古典现实主义为例，它所确定的引发战争的最重要的原因是人性，它同时给出了人性导致战争的因果机制：人性恶导致由人组成的国家自私自利，国家因此会不断地追逐权力，而权力竞争加剧将导致冲突不但升级，以至最终爆发战争。由此可见，科学理论，或者说解释性理论，就是对因果关系和因果机制的一般性说明。

二 理论的功能

首先，理论能够深刻地描述现象。

我们要认识客观世界，首先需要在脑海中重现客观世界的样子，形成关于客观世界的图景，这就需要对客观世界做出描述。但是，客观世界太过纷繁复杂，在描述中重现所有的细节，既做不到，又无益于认识的深化。因此，我们对客观世界的描述需要做出必要的简化和抽象。而理论就是对某个特定领域客观现象的简化和抽象性描述。在描述这个功能维度，理论就像地图。一幅城市交通地图就是对一个城市道路分布的简化性描述，它把一座城市从三维空间简化为二维平面，将人口、车辆、河流、湖泊等细节统统省略。正是这种经过抽象和简化之后的描述，才使得我们能够清晰、简便同时又不失准确地了解这个城市的交通路线。理论的描述功能，其意义也同样如此。当我们进入任何一个陌生的领域时，要想在最短时间内建立起对这个领域的本质性认识，最有效的方法就是阅读和学习关于这个领域的理论，就像我们去任何一个陌生的城市旅游，第一件事情就是买一份该城市的地图。

科学理论与历史学叙述都是对现象的描述，但这两种描述存在两个重要区别：其一，历史学叙述在可获得信息和写作篇幅等客观约束条件允许的情况下，一般追求尽可能详尽地还原现象发生的所有（重要的）细节。科学理论则刚好相反，在能够较准确地描述现象某一方面特征的前提下，追求尽可能地简化，删减一切可以删减的细节。这种追求简化的理念被称为"奥卡姆剃刀"原则。① 其二，历史学叙述所描述的现象是已经发生的感官世界意义上的事实（actuality），而科学理论则试图在这些所见所闻的感官事实的基础上，发现和描述具有抽象性和一般性的真实（reality）。用通俗的话说，理论能够帮助人们透过现象看本质。②

近代丹麦天文学家第谷对天体运行做了大量翔实精确的记录，其助手和弟子开普勒根据这些记录，提出了"开普勒三定律"。第谷和开普勒所做的工作都是对天体运动的"描述"，但第谷所描述的是天体运动的"事实"，这种描述近乎历史学叙述，而开普勒所描述的则是天体运动的"真实"，这种描述就是比较典型的科学理论。没有第谷描述的"事实"，开普勒无法描述出"真实"；而没有开普勒描述的"真实"，我们所看到的星体的运动就仍然会是杂乱无章的，只有在"开普勒三定律"提出后，人们眼中的天空才开始变得井然有序，开普勒也因此被誉为"天空的立法者"。这就是理论的描述功能所具有的重要意义。

其次，理论能够识别和解释现象发生的原因。

识别和解释因果关系，是所有科学研究工作的核心任务，也是理论定义的主要内容。无论是人类诞生早期，还是一个人的幼儿时代，当他看到一个不理解的新事物时，第一反应都会是问"为什

---

① "奥卡姆剃刀原则"是14世纪英国圣方济各会修士、唯名论者奥卡姆的威廉（William of Occam）提出的哲学思想。基本观点是"如果可以用较少的事来实现，那么更多的事情是无用的"。后世学者将其归结为"若非必要，勿增实体"。也就是强调理论的简约性。参见［美］弗兰克·梯利《西方哲学史（增补修订本）》，伍德增补，葛力译，商务印书馆1995年版，第238—239页。

② 举例来说，一支筷子半截没入水中，我们看到筷子没入水中的一半和露在空气中的一半没有在一条直线上。我们将视觉感知到的这个现象记录和描述出来，就是感官世界意义上的"事实"（reality），它不是我们的主观虚构，而是视觉观察的如实记录。而经过科学研究我们发现，看似断了的筷子其实没有断，只是因为光在不同传播介质中的折射使它看起来似乎断了。我们得出的这个认识就是超越了感官层面的"真实"（reality）。

么"。探求现象发生的原因，是作为智慧生命的人类与生俱来的一种固有欲望。只有了解了一个个现象背后的原因，人们才会构建起对客观世界的稳定信念，才会拥有一种认为自己真正理解和掌控了客观世界的安全感。① 但是，要想确定一件事物的真实原因并不是那么的简单。在大卫·休谟等怀疑主义哲学家看来，我们所能观察到的只是两个在时间上先后发生的事件（比如太阳出来和地面积水消失），但我们无法通过观察知道，后发生的事件是由先发生的事件导致的（比如我们无从观察太阳出来与地面积水消失之间的作用过程）。事实上，因果关系隐藏于经验现象背后，任何不加控制的直接观察都无法确定因果关系。

因果关系难以识别的另一个原因是，许多现象都有可能由众多不同的原因所引发，方法论上将这种情况称为"多因一果"（equifinality）。"多因一果"在社会科学领域尤其普遍。为什么有的国家经济增长快有的增长慢？为什么国家之间会发生战争？为什么有些国家之间能够实现紧密的合作而有些国家不能？这些问题所涉及的都是司空见惯的常见现象，但要确定这些现象的真实原因却很困难，因为有非常多的因素都有可能引发这些现象。因果关系难以被直接观察，又存在许多干扰因素，这些都为我们顺利识别和理解因果关系制造了障碍。理论的一个重要意义和价值就在于，它能帮助人们快速识别某个现象（可能）的原因，或者至少提供确定该现象原因的思路。比如面对国家合作这个现象，现实主义理论会提示我们从共同利益特别是共同威胁的角度寻找原因，建构主义则提示有可能源于彼此身份认同的良性建构。

除了识别现象 A 和现象 B 之间存在因果关系之外，理论的另

---

① 有人认为人们寻求因果关系最主要的目的是预测和指导实践。这种观点至少在一定程度上是错误的。相关关系真包含因果关系，稳定的相关关系同样能够预测未来，指导实践，但人类的求知史从一开始就没有停留和满足于识别相关关系。渴望知道因果关系的最主要目的是获得了解了某个现象究竟是由什么导致的之后的那种安全感。

一个同样甚至更加重要的功能是对 A 与 B 之间的因果关系做出解释，即揭示 A 与 B 之间的因果机制。对因果机制的追求，同样根源于人类面对未知时的那种不安全感。人类不满足于仅仅知道是 A 引发了 B，还想知道 A 究竟如何引发了 B，只有清楚地知道了 A 和 B 之间的微观作用过程，人们才能真正放心，才能真的相信自己了解和掌握了 B。比如，我们都知道雨后阳光是导致彩虹出现的原因，但我们还想知道雨后阳光是如何导致了彩虹的出现。光学理论就能为我们提供雨后阳光与彩虹出现之间的因果机制：雨后空气中弥漫大量球形水滴，阳光穿过水滴会发生色散，从而将白色的阳光分解成多种单色光。又如，均势理论不仅指出无政府状态是导致均势状态反复出现的原因，还给出了无政府状态导致均势的作用过程：无政府状态下每个国家都只能依靠自己保卫自身生存，所以每个国家都对其他国家的实力增长非常敏感，当某个国家实力迅速增强时，其他国家就有动机加速提升自己实力以平衡该国的实力。从更苛刻的标准看，一个理论只有揭示了现象 A 与现象 B 之间的因果机制，才算真正对现象 B 的产生做出了解释，才算真正确证了 A 与 B 之间的因果关系。

最后，理论能够预测和指导现实。

人类对未知感到恐惧的最主要原因是无法预知未来。看到日食后不知道是否会有灾难降临，出海捕鱼不知道是否会遭遇风浪，春天播种后不知道秋天是否会有收获。为了应对这些不确定性，早期的人类创造了各种神话、祭祀礼仪和宗教，以期能够预卜未来，或者至少从这些卜算未来的信仰中获得某种慰藉，以缓解因无法预知未来而带来的焦虑和不安。但显然，依靠神话和宗教对未来进行预测是靠不住的，人们自然希望找到一种更可靠、更准确的预测方式，这成为科学和科学理论得以诞生的最重要原因。科学理论之所以能够比宗教和神话更准确地预言未发生的事件，根本原因是它所描述的不是现象意义上的"事实"，而是本质层面的"真实"；它所识别的不是一时一地的具体原因，而是具有普适性的一般性原因；它所确定的因果关系不是基于想象，而是基于实证。如果已知一般意义上的事物 A 能够稳定地引发事物 B，那么当观察到一个具体的 A 时，我们就有理由期待 B 将随之出现。

人类研究科学问题、发展科学理论，当然不仅仅是为了满足自己的好奇心，还希望能够指导实践。理论能够指导实践的前提是理论具有预测功能。比如，渔民看到天气预报预测明天有台风，就决定明天不出海捕鱼，是因为渔民相信气象理论预测天气的准确性。企业之所以在某商品市场供应紧缺时大量囤积该商品，是因为经济学理论预测，当商品供不应求时，商品价格将上涨。企业家正是基于这个预测来制定符合自身利益的生产经营策略。两个有核武器的国家之所以会小心管控彼此的分歧和冲突，是因为它们相信，一旦冲突升级为核战争，两个国家都将付出自己无法承受的损失。世界上从未发生过两个核国家之间的核战争，核国家对冲突升级的后果及其严重性之所以能够未卜先知，主要不是源于实际发生过的经验，而是得益于核军事理论、核威慑理论所做的预测。事实上，现代社会的所有技术、产品等器物文明，以及所有的制度、规则等非物质文明，其诞生的一个重要源头就是一个个自然和社会科学理论对相应事物变化结果的预测。①

第二节 如何评价和学习理论

一 如何评价理论

什么样的科学理论是好的理论？如何判断一个理论比另一个理

---

① 当然，从演化主义的视角看，许多社会制度的产生并不是根据某个社会科学原理一蹴而就的，而是在不断试错和改进中产生的。但是基于科学理论的预测而进行的制度设计无疑是制度产生的一个重要原因。

论好还是差?这是科学哲学讨论的核心议题。各种科学哲学流派所主张的评价标准不尽相同,但我们仍然可以从科学研究的实践出发,概括出三个最基本的评价标准:

第一,理论的内部逻辑必须自洽。

从形式上看,理论是由若干前提假定(assumption)和若干作为核心观点的理论命题所组成的论述体系。在这套论述体系中,前提假定与理论观点之间必须存在逻辑推导关系,推导过程必须自洽且前后一致,假定与假定之间、假定与观点之间不能出现自相矛盾的情况。这是对一个理论的最起码要求。如果一个理论的内部逻辑自相矛盾,那么它肯定不是一个好理论。例如,亚里士多德的力学理论认为,重的物体比轻的物体下落速度更快,所以如果一个铁球重10磅,另一个铁球重1磅,那么当这两个铁球同时从相同高度自由下落时,前者应当先于后者落地。后世有学者对此做了一个思想实验:设想将这两个铁球用绳子拴在一起,按照亚里士多德的理论,轻铁球比重铁球下落速度慢,所以它会拖慢重铁球下降的速度,那么这两个拴在一起的铁球下落的速度应该慢于重铁球单独下落的速度;可是,这两个铁球拴在一起,它们作为一个整体,其重量又重于重铁球,按照亚里士多德的理论,这个整体下落的速度应该快于重铁球单独下落的速度。这样就产生了矛盾:两个铁球拴在一起下落的速度既慢于重铁球下落的速度,又快于重铁球下落的速度。根据逻辑的矛盾律,我们所能做的只有拒绝这个理论。

国际关系学中也存在这种内部逻辑不自洽的理论。约翰·米尔斯海默的进攻性现实主义假定,无政府状态下国家行为的第一动机是确保自身生存。该理论的一个核心命题是,国家为了确保自身生存,应该积极对外扩张并努力成为霸权国。[1] 有学者指出,从历史

---

[1] John J. Mearsheimer, *The Tragedy of Great Power Politics*, New York: W. W. Norton, 2001.

数据看，不搞扩张的大国几乎全都生存下来，而搞对外扩张却是一个大国遭遇覆灭的最主要原因。因此，这个理论的观点和它的假定出现了矛盾。事实上，米尔斯海默混淆了"作为一个霸权国"（being a hegemon）和"竞标一个霸权国"（bidding for a hegemon）两种状态。当一个国家业已成为霸权国之后，它的生存安全当然会有很大的保障，但一个还没当上霸权国的国家竞争霸权国地位的过程，却是该国发展历程中最危险的时段。[1] 换言之，假如一个国家的第一位动机真如米尔斯海默所假定的那样是为了确保自身生存安全，那么扩张和争霸应当是这个国家最为抵触和抗拒的战略选项。从内部逻辑不自洽这个角度，我们可以说进攻性现实主义不是一个好理论。

第二，理论的核心命题或者根据理论命题所做的预测必须可证伪。

一个命题可证伪不是说这个命题就是错的，而是说这个命题存在被证明是错误的可能性。比如，"中国总有一天会成为世界第一超级大国"这个命题就不存在被证明是错误的可能性，因为这个命题没有对成为世界第一超级大国的截止时间和判断标准做出明确界定。即使等了1亿年中国还没有成为世界第一超级大国，提出这个命题的人仍然可以辩解说，时候还没到，也许再等1亿年就能成了；或者可以辩解说，用他自己设定的标准衡量，中国早已是世界第一超级大国了。总之，你永远无法证明这句话是错的。相比之下，"中国将在2050年成为GDP和人均GDP均为世界第一的大国"这个命题就具有可证伪性，因为我们只要等到这个命题自己设定的截止时间，根据当时的GDP和人均GDP数据就能没什么争议地判断这句话是对还是错。

---

[1] Jonathan Kirshner, "The Tragedy of Offensive Realism: Classical Realism and the Rise of China," *European Journal of International Relations*, Vol. 18, No. 1, 2010, pp. 53–75.

可证伪性是科学理论与哲学思想、文学艺术作品、宗教迷信等其他一切非科学话语的最核心区别之一。永远正确的话反而不科学，有可能出错的话反而科学，这听起来似乎有些违背普通人对科学的认知。在许多人的印象中，科学就意味着可靠、正确甚至零误差。的确，这些确实是科学理论所追求的理想目标，但科学家拒绝通过将表述的语言变成模棱两可的"两头堵"这种文字游戏实现这种"零误差"，因为通过这种"一分为二""自留退路"的表述实现的"零错误"无助于增长人类的知识。科学鄙视这种"耍滑头"的"万金油"做法，鼓励那种迎难而上、将自己置于非常轻易就能被证明是错误的"危险"境地的做法。一种理论的预测越具体越精确，它被证明是错误的风险就越大，在这种情况下，一旦它经受住了检验没有被证伪，这种理论的说服力和可信度也就越大。科学追求和推崇的是这种有可能被证伪但经过了非常严格的检验仍然尚未被证伪的理论。

爱因斯坦于1915年提出的广义相对论认为，恒星的巨大质量会使其周围的空间发生弯曲，从而使太阳附近的其他恒星射向地球的光线发生偏转，这样会使得地球上所观测的这些恒星的位置与其实际位置之间存在1.75角秒的位差。这一极其精确因而极其容易被证伪的理论假说经受住了1919年以及此后多次日全食观测的检验，从而使包括许多曾经非常坚定的反相对论者也不得不接受相对论的正确性。

社会科学由于其研究对象的复杂性和概念测量的模糊性，其理论的可证伪性相比较于自然科学要低得多，但这并不意味着社会科学理论家可以因此放弃对可证伪性的追求。人们在评价社会科学理论时，也都倾向于给予那些能够做出相对可证伪预测的理论以好评，而给不可证伪的理论以差评。肯尼思·华尔兹的新现实主义理论的一个核心观点是均势被打破后会很快恢复。苏联解体后，原本的美苏均势格局被打破，同时迟迟没有国家制衡美国，国际体系长期保持单极结构，因此很多人开始质疑新现实主义理论的正确性。华尔兹为此撰文辩护称，冷战后短短十数年时间只是历史长河中的一瞬，谁也无法保证均势状态不会在未来若干年内出现。[①] 华尔兹的这一辩护实际上将其理论置于了不可证伪的境地，因此不仅未能说服质疑者，反而激发了随后的一大波关于冷战后均势理论适用性的争论。

第三，理论的解释范围要尽可能广，同时理论本身应尽可能简约。

人们创作理论的核心目的是理解和解释未知。由于未知世界是无穷无尽的，我们不可能每遇到一个现象都单独发明一个理论去识别其原因，而希望用尽可能少的理论解释尽可能多的现象，因此一个理论能够解释的现象越多，适用的范围越广，那么它的解释力也就越强。例如，开普勒三定律能够解释行星的运动，牛顿的万有引力理论不仅能够解释行星的运动，还能解释地面和太空的其他物体运动，爱因斯坦的相对论则不仅能够解释宏观低速物体的运动，还能解释微观及高速物体的运动：这三个理论的解释力显然是递增的。科学哲学家伊姆雷·拉卡托斯在接受这种朴素的理论评价标准的基础上提出了更为具体的条件：首先，新理论能够预言新的事实，而这些新事实按旧理论的观点来看是不可能的；其次，新理论能够解释旧理论所能解释的全部内容；最后，新理论的其他一些超量内容被确证。

另外，根据"奥卡姆剃刀"原则，能够解释尽可能多的现象的理论最好还能尽可能的简约，比如拥有尽可能少的前提假定，尽可能少的限定条件。这也是科学理论所追求的"简约之美"。总之，如果一个理论解释的现象足够多，在此基础上还能做到足够简

---

① Kenneth N. Waltz, "Structural Realism after the Cold War," *International Security*, Vol. 25, No. 1, 2000, pp. 27–30.

约，那么它就是一个更好的理论。

二 如何学习国际关系理论？

第一，坚持学以致用。

学习物理学理论的目的是使自己更深刻地理解物理现象，所以评价一个人物理学理论学得好不好，绝不会是看这个人对各种物理学理论原著背诵得是否流利，而一定是看他能否恰当地运用物理学理论去计算一个个具体的物理学问题。学习经济学理论的目的是使自己更深刻地理解经济现象，所以评价一个人经济学理论学得好不好，也绝不会是看这个人对历史上各代各派经济学家的思想是否能够旁征博引、信手拈来，而一定是看他能否灵活运用经济学理论去分析一个个具体的经济现象。记住各种理论说了什么当然很重要，这是一切的前提，但记忆本身不是目的。物理学专业、经济学专业的学生学习本学科理论感受最深的一点一定是，要想学好本专业的理论，必须做大量的运用理论解释具体现象的习题，以这种方式训练和强化自己对理论的实际运用能力。

学习国际关系理论应该秉持同样的目的和方法。不要把国际关系理论当作哲学教义或者文学作品去学习，只满足于弄懂作者想表达的思想是什么；而要把国际关系理论当作物理学里的一个个公式、经济学里的一个个模型那样去学习，学会的标准是自觉而从容地运用它们去解释各种现象。如果某个人对历代各派国际关系理论的思想、观点及其异同了如指掌，对各部经典理论著作的原文倒背如流，甚至对各理论家创作其理论时的心路历程、掌故逸事以至理论家的生平事迹、个人喜好、情感经历等如数家珍，但让他解释一个具体的国际关系现象时却一个理论也想不起来，而另一个人说起理论原文、作者八卦这些时张口结舌，但在分析国际关系现象时却能较恰当地运用其所学的可能极其有限的国际关系理论，能够"以一知充十用"，那么后者比前者的国际关系理论学得更好。所以，学习国际关系理论，在理解各理论的内容之后，更重要的是要抓住一切机会，自觉地调取自己脑海中已存储的理论知识，去尝试分析和解释一个个活生生的国际关系时事新闻或者历史事件。

第二，坚持批判性学习。

受"尊师重道""为尊者讳"等文化传统的影响，一些学生在学习知识、特别是人文社会科学领域知识时，容易产生对理论家的个人崇拜和对他们作品的崇拜，并有意无意地回避甚至排斥对知识、对理论的质疑。还有一些学生将国际关系理论当作宗教信仰去学习，一旦接受了某个"主义"的观点，就像皈依了某个宗教一样，将该理论的创始人当作不可侵犯的神灵加以"供奉"，任何与该流派相一致的思想一概推崇，任何不一致的思想一概拒斥。这些都不是学习科学理论的可取做法。回顾包括国际关系学在内的任何一门科学的发展史都会看到，其中的哪怕一个再小的理论进步，都是源于理论家对前人成果的批判。没有批判，就没有科学的进步和人类知识的增长。从这个意义上讲，我们学习国际关系理论，了解和掌握具体的理论知识甚至都在其次，最应该学习的，是创造了这些国际关系理论的学者那种不迷信、不盲从、勇于挑战前辈权威的批判精神。

应当注意的是，批判不意味着推翻一切、否定一切，而是一种严格忠实于逻辑和事实的理性精神，这种理性精神要求我们，面对哪怕是看起来再言之成理的言论，也要保持足够的警惕和必要的怀疑，随时准备因其被逻辑和事实证伪而拒绝它；同时，面对哪怕是看起来再荒诞不经的思想，也要保持足够的中立和开放心态，随时准备因其经受住了逻辑和事实的检验而（暂时）接受它。同时，我们既要学习国际关系理论家的批判精神，也要学习他们的批判技巧，还要注重学习形式逻辑和批判性思维方法，努力使自己的理性批判意识和理性批判能力同时提高。如果同学们在学习国际关系理论的过程中，在自己的独立思考下发现了某个理论的某个错误或者漏洞，并且通过犀利而严密的论证，使得即使连提出该理论的学者本人都不得不（在一定程度上）接受和承认这个错误或漏洞，那么这将意味着距离新的理论创新和知识进步只有一步之遥。如果真的因这个批判而实现了理论创新，那么这将意味着被你批判的理论实现了它最大的价值，而这也将是对被你批判的学者最大的尊重。因为科学共同体成员的共同追求是实现知识的不断增长，而不是将某个理论或某个人捧上神坛。

第三，积极阅读最新理论文献。

本书作为教材，不得不将讲授的重点放在国际关系的经典理论上，兼及部分前沿性理论进展。但要真正学好国际关系理论，仅仅熟读经典著作是远远不够的。国际关系学与其他所有社会科学一样，其理论是不断更新和进步的，而且随着方法的改进，更新速度正变得越来越快。这一方面意味着，从总体趋势上讲，新理论在解释力、准确性、严密性等方面一定胜过旧理论，这是科学研究的本质所决定的；另一方面意味着，国际关系理论永远不会有学完的一天，永远都会有新的国际关系理论在等待我们去学习。这两方面再次提示我们，国际关系理论与哲学思想、文学艺术作品等不同，后者要么存在路径依赖，要么缺乏客观可比性，要么依赖个人经验，因此不存在明显的代际超越现象，有时反而存在严重的"厚古薄今"倾向，而前者则刚好相反，后来的理论超越先前的理论不仅是一种必然，而且是一种使命和义务。因此，要想学好国际关系理论，与阅读那些纸页发黄的经典著作至少同样重要的是，坚持跟踪阅读顶尖学术期刊和顶尖学术出版社出版的最新理论成果。

阅读最新理论文献的另一个好处是，同学们可以从这些代表本学科当前最高研究水平的成果中，学习它们的作者是如何在一个个公认正确的理论中发现缺陷并提出令人信服的质疑的，又是如何创造性地迁移和运用一个个现有理论的，又是如何从理论和现实出发、逻辑缜密地推导出一个个新的理论假说的，又是如何运用模型演算、统计推断、史料钩沉、实验调研等技术手段检验他们的假说的。换言之，阅读最新理论文献的意义，不仅仅在于掌握最新的理论观点，更重要的是能够从这些文献中学习那些优秀学者创新理论的方法。我们学习国际关系理论有许多目的，如果按照重要性由大到小排序，那么掌握具体的理论知识甚至最多只能排在第三位，排在第一位的是如前所述的培养批判精神，紧随其后的则是掌握创造和发展理论的方法。阅读本教材有助于掌握具体的理论知识，而阅读最新理论创新成果则有助于培养批判精神、学习创新方法。

思考题

1. 科学理论的实证性要求和可证伪性要求的关系是什么？
2. 如何批判性地学习国际关系理论？可以从哪些角度评价一个理论？

第三章
国际关系理论的四次论战

第一次论战：理想主义与现实主义

第二次论战：传统主义与行为主义

第三次论战：新现实主义与新自由主义

第四次论战：理性主义与建构主义

国际关系理论的四次论战

国际关系学诞生于第一次世界大战之后。第一次世界大战给人类社会带来了千万人死伤的惨痛经历，如何避免再次出现如此大规模的人类灾难成为当时摆在人们面前的最严峻和迫切的课题。国际关系由此应运而生，"为促进各国间和平寻找最佳手段"[①] 成了这一新学科的使命。1919年英国威尔士阿伯斯威大学设立首个"国际政治"讲席，标志着国际关系学学科的建立。

回顾国际关系学的百年发展史，它也是一部国际关系不同理论流派间的论战史。无疑，正是国际关系理论内部先后出现的四次大的论战，推动了国际关系学科理论化水平的提升，夯实和巩固了国际关系学独立学科地位。

第一节　第一次论战：理想主义与现实主义

理想主义（idealism）是现代国际关系学诞生之后的第一个理论流派，它的产生直接源于对第一次世界大战的反思。理想主义学

---

① 这是戴维·戴维斯（David Davies）为国际关系学科所确立的使命。1919年威尔士工业家戴维斯在威尔士阿伯斯威大学资助建立了国际政治系，并为国际政治专业设立了以伍德罗·威尔逊命名的第一个讲席教授。

者认为，第一次世界大战爆发的根源在于陈旧的均势理论和联盟政治。战争不是"源于本能，而是国家行为的一种表现形式。战争并不是个人本能的一部分，而是一个政治计划"。① 由于认为战争是由制度缺陷所造成的，理想主义学者们推断战争是可以被制止的。理想主义的代表人物、美国总统威尔逊在1918年1月的国会演说中提出的"十四点原则"集中体现了理想主义给世界和平开出的药方。其中，有两个倡议值得关注。一是建立国际组织，倡导集体安全。十四点原则中的第14点是"为了大小国家都能够保证政治独立和领土完整，必须成立一个具有盟约性质的普遍性的国际联盟"。可见，威尔逊希望用集体安全机制来取代原有的国家间的军事联盟，通过把国家这些"猛兽"关进国际组织的"笼子"来获得近乎永久的和平。二是推广民主制度。十四点原则中的第7点到13点集中反映了威尔逊希望根据民族自决的原则处理殖民地和领土问题的思想。当然，值得注意的是，早在1917年的请求对德宣战的国会演说中，威尔逊就已经提道，"世界应该使民主享有安全"。② 这种民主和民族自决的思想所蕴含的信念是，随着民主的普及，国家间关系也将趋于缓和。除此之外，理想主义的另一位重要人物诺曼·安吉儿在1910年出版的《大幻觉》（*The Great Illusion*）中还提到相互依赖的重要性。认为，随着现代化和相互依赖过程的不断深入，发动战争和使用武力将变得越来越不合时宜。战争将不再是有利可图的事情。③

总的来看，理想主义的思想可以概括为，他们都相信"曾经

---

① Gilbert Murray, *The Ordeal of this Generation: The War, the League and the Future*, London: George Allen and Unwin, 1929, p. 29.

② Woodrow Wilson, "Joint Address to Congress Leading to a Declaration of War Against Germany," *Senate Document*, No. 5. 1917, https://www.archives.gov/historical-docs/todays-doc/? dod-date=402.

③ Norman Angell, *The Great Illusion: A Study of the Relation of Military Power in Nations to their Economic and Social Advantage*, New York and London: G. P. Putnam's Sun, 1910.

引发第一次世界大战的国际体系最终可能转变成为一个更加和平、更加公正的国际秩序；他们也相信在新兴民主思想、国际联盟的发展、和平人士的不懈努力及其智慧广泛传播等因素的共同作用下，这一体系正在发生变化"。① 这些规范性的言论后来使其备受指责。尤其是20世纪二三十年代国际政治与经济的发展方向与理想主义的预测恰恰相反，也使其被贴上了"乌托邦自由主义"的标签。具体的表现是：国际联盟最初的倡议国美国不仅没有加入，而且国际联盟在实际运转中，也未能阻止德国、日本、意大利等法西斯国家的对外扩张，更未能阻止其后第二次世界大战的爆发；这一时期的自由民主也遭到沉重的打击，以德国为代表的法西斯独裁政权获得极大成功，而那些原本很有可能成长为民主国家的中东欧的新独立国家，像是匈牙利、罗马尼亚等国也转向独裁主义；30年代的经济大危机同样使得人们对经济相互依存的美好期待落空。在经济危机面前，国家之间不仅没有积极合作，反而纷纷提高贸易壁垒，不惜损害他国的利益。残酷的国际政治现实冲击了理想主义的乐观认知。

在此背景下，英国国际关系学者爱德华·卡尔率先对理想主义进行了猛烈抨击。他在书中指出，理想主义学者的最大问题就在于把愿望当成现实，将"应然"当作"实然"，"像其他初创的学科一样，国际政治学一直充满乌托邦意识，并且对此毫不隐晦。在学科初始阶段，愿望主导了人们的思想，主观推论重于实际观察，很少有人对现有事实作出认真的分析，也很少有人探寻可以使用的分析方法"。② 卡尔认为，理想主义者误解了国际关系的实质，所谓

---

① Hedley Bull, "The Theory of International Politics, 1919 – 1969," in James Der Derian ed. , *International Theory Critical Investigations*, London: Macmillan Press LTD, 1995, p. 185.

② [英] 爱德华·卡尔：《20年危机（1919—1939）：国际关系研究导论》，秦亚青译，世界知识出版社2005年版，第8页。

"国家间利益天生就是和谐的"① 只是不切实际的幻想,利益冲突才是国际关系的本质。权力才是国际关系中至关重要的因素,因为"政治,从某种意义上来说,始终是一种权力政治"②。

在卡尔之后,另一位现实主义大师汉斯·摩根索进一步回答了卡尔尚未探寻和回答的问题——权力政治的原因是什么,并据此建立起一套完整的现实主义的国际政治理论。在1948年出版的《国家间政治:权力斗争与和平》(*Politics among nations: Struggle for Power and Peace*)(以下简称《国家间政治》)一书中,摩根索提出了政治现实主义的六原则,创立了建立在人性基础之上的古典现实主义的国际关系理论。与理想主义不同,现实主义(realism)所研究的是政治现实本身,而不是人们理想中的政治。"政治现实主义认为,像社会的一般现象一样,政治受到植根于人性的客观法则的支配。"③ 这种人性表现为"生物——心理本能","生存、繁衍和支配的本能欲望是人所共有的"④。人性利己,追逐权力和利益,这一法则应用于国际关系领域就是国家会追逐自我的国家利益,而国家利益的实质就是权力。因此,国家会为权力而战,争夺权力的斗争也就成为国际关系的基本事实。摩根索全面构建了现实主义的国际关系理论大厦,是古典现实主义理论乃至现代国际关系学科的奠基人。除了摩根索以外,莱茵霍尔德·尼布尔、乔治·凯南、阿诺德·沃尔弗斯等也是此时期重要的现实主义学者。

国际关系的第一次大论战以现实主义的获胜而告终,理想主义

---

① "利益和谐论"指的是"个人追求自我利益的同时,也帮助了社会利益的实现;而促进社会利益的同时,也就促进了个人利益的实现"。参见[英]爱德华·卡尔《20年危机(1919—1939):国际关系研究导论》,秦亚青译,世界知识出版社2005年版,第43页。
② 同上书,第98页。
③ [美]汉斯·摩根索:《国家间政治:权力斗争与和平》(第七版),徐昕、郝望、李保平译,北京大学出版社2006年版,第28页。
④ 同上书,第62页。

也在遭到现实主义的批评之后，变成了一个带贬义的词语。但从时间看，这次论战很难被认为是一次真正意义上的"唇枪舌剑"。两大相互竞争的理论出现的时间并不重合，理想主义主要活跃于 20 世纪 20 年代，而 20 世纪 30 年代至 50 年代主要是现实主义对理想主义单方面的猛烈抨击，理想主义并未对此进行反驳和争辩。因此，更准确地说，这一场论战是一种范式对另一种范式的取代和超越。

第二节　第二次论战：传统主义与行为主义

如果说第一次论战还不是真正意义上的论战的话，那么第二次论战的双方都站在各自的立场对己方的主张进行辩护，并猛烈批评对方的观点主张，展开了一场真正的学术论战。与第一次论战主要针对国际关系的现实问题不同，比如导致第一次世界大战的主要原因是什么，国际联盟能否带来和平，第二次论战主要是一场方法论之争，争论的焦点是应该采取何种方法来研究国际关系。这场争论大致发生于 20 世纪五六十年代，争论的双方分别是倡导古典方法的传统主义者和主张借鉴自然科学、采用实证方法的行为主义者。

早期国际关系学者大多有历史学、法学、哲学等学科的背景，因此多采用人文的、历史的方法研究国际关系，这些学者因此也被称为传统主义者。传统主义者认为国际体系高度复杂，研究者需沉浸在研究的具体情境之中，成为对过去与现在之世界政治的很仔细、善思考与有批判的观察者。他们认为，"思考也是研究"。[1] 传统主义者对单个的独特事件、案例、形势或问题感兴趣，他们力图理解细节的微妙之处，并坚持认为，应当非常仔细地搜集、筛选、权衡和理解证据，并在审查和理解了全部被认为是相关和可靠的资

---

[1] Hedley Bull, *The Anarchical Society*, New York: Columbia University Press, 1977, p. xiii.

料之后，依靠判断、直觉和洞察力得出结论。① 作为传统方法的坚定捍卫者，赫德利·布尔认为，传统主义是"从哲学、历史和法律派生出来的理论流派，其最主要的特点是明确依赖判断。如果我们严格按照验证和实证的标准行事，国际关系就没有什么意义可言了"。② 在传统主义者看来，国际关系学是一门人文学科，而不是一门社会科学。

20世纪50年代，美国社会科学界开始出现行为主义思潮，受其影响，有更多社会科学背景的新一代国际关系学者开始对如何研究国际关系提出新的看法。他们认为，国际关系学可以成为一门日趋成熟的、精确与简约的、更具预见性和解释力的、能在积累中不断进步的科学。他们相信，科学具有同一性：社会科学与自然科学没有本质上的差别；同样的分析方法在两个领域中都可以使用。③ "那些能够揭示原子结构秘密的方法，同样能够用来揭示社会行为的动力。"④ 行为主义者的主要任务就是像自然科学家一样，搜集有关国际关系的大量经验数据，用来验证假设的合理性。他们热衷于对一切进行形式化和定量化，积极尝试各种跨学科的研究方法，将统计学、经济学、博弈理论、沟通理论等通通纳入自己的研究中，以这些方法作为基础进行精确测量和分析。这种行为主义方法论主张通过采纳自然科学的科学标准，把政治学转变为一门真正的社会科学。

对此，传统主义者批评行为主义者给不符合现实的抽象模型披

---

① [美]詹姆斯·多尔蒂、小罗伯特·普法尔茨格拉夫：《争论中的国际关系理论》第五版，阎学通、陈寒溪等译，世界知识出版社2013年版，第39页。
② Hedley Bull, "International Theory: The Case for a Classical Approach," *World Politics*, Vol. 18, No. 3, 1966, p. 361.
③ [加]罗伯特·杰克逊、[丹]乔格·索罗森：《国际关系学理论与方法》，吴勇、宋德星译，中国人民大学出版社2012年版，第245页。
④ James N. Rosenau, *The Scientific Study of Foreign Policy*, London: Francis Pinter, 1980, p. 7.

上现实的外衣，执着于科学方法导致了研究者从未掌握问题的全部复杂方面。① 行为主义者则认为，传统主义者不信任精确方法、定量方法和通过统计检验进行核查的态度是不负责任和狂妄的。② 到70年代，双方争论的激烈程度开始减弱。论战的结果是没有任何一方获得压倒性的胜利，两种研究方法都继续存在。但是行为主义对国际关系学产生了持久的影响，经过行为主义改造的国际关系，最终确立了其社会科学的学科属性，催生了后续高度科学化的国际关系理论。

第三节　第三次论战：新现实主义与新自由主义

20世纪60年代，世界政治大环境发生变化，国际关系理论研究关注的重点开始重新回到现实问题。比如，国家尤其是民主国家之间出现了大量的贸易、投资活动，跨国关系迅猛发展，国家间合作倾向增加，代表性的成果就是西欧区域一体化的起步与发展。而这是以追求权力斗争为特征的现实主义理论所不能解释的。自第一次论战以来，现实主义成了国际政治学界公认的主导性的理论范式。在现实主义看来，无政府状态下，冲突与战争是国际关系的常态。六七十年代大量出现的国家间合作和和平现象对这一家独大的主导范式提出了挑战。这些现象提示现实主义可能难以对所有国际政治现象都做出"经得起经验主义检验的解释"③，同时也为自由主义的回归提供了厚实的现实基础。除了继承理想主义有关进步与

---

① Hedley Bull, "International Theory: The Case for a Classical Approach," *World Politics*, Vol. 18, No. 3, 1966, p. 365.
② Klaus Knorr and Sidney Verba, eds., *The International System: Theoretical Assays*, Princeton: Princeton University Press, 1961, p. 16.
③ John Vasquez, *The power of Power Politics*, Cambridge: Cambridge University Press, 1998, p. 212.

变化是可能的思想之外，新一代的自由主义学者更是借鉴现实主义的理论发展路径，用逻辑严密的推理与科学研究的实证方法构建理论，因此，这一时期摆脱了早期乌托邦色彩的自由主义，被称为"新自由主义"。

新自由主义的核心观点是，无政府状态下冲突是可以抑制的，合作是能够实现并保持的。新自由主义学者首先从相互依赖的角度，论证自由贸易能够激发合作，促进和平。1977年，罗伯特·基欧汉和约瑟夫·奈出版《权力与相互依赖》（Power and Interdependence: World Politics in Transition），标志着自由主义范式向现实主义范式重新发起挑战。随后，肯尼思·华尔兹将系统论创造性地运用于国际关系理论构建，于1979年出版《国际政治理论》（Theory of International Politics），提出了以"结构"为核心概念的新现实主义（neorealism）或结构现实主义（structural realism）。新现实主义通过引入系统和结构的概念，并对国家和国际政治进行高度简化，从而将国际关系理论的简约化和科学化水平提升到了一个前所未有的高度。新现实主义是继摩根索的古典现实主义之后国际关系理论的又一次革命，对此后国际关系理论的发展产生了深远的影响。

新现实主义的提出促使新自由主义也同样开始发展简约化、科学化的体系理论。其中最具代表性的就是基欧汉的新自由制度主义。1984年基欧汉出版《霸权之后：世界政治经济中的合作与纷争》（以下简称《霸权之后》），系统阐述了新自由制度主义理论，并开启了新自由主义对新现实主义的全面论战。

新自由制度主义接受了新现实主义有关在无政府状态下，主权国家是国际体系中的主要行为体，且是理性利己行为体的基本假定。这构成了新自由制度主义与新现实主义对话的基础。但新自由制度主义引入制度这一新的变量，推导出与新现实主义迥异的理论结论。在新自由制度主义看来，无政府状态下，理性利己的国家的合作完全是可能的。它认为国际制度通过降低合法交易的成本、增加非法交易的成本、减少行为的不确定性等机制，①能够有效促进国家间合作。新现实主义针对新自由制度主义的一个核心性的反驳是，新自由制度主义忽略了相对收益对国家合作的重要影响。在无政府的国际环境中，妨碍合作的原因往往不是双方没有共同收益或是信息不畅，而是双方获益不均，收益较少一方会担心收益较多一方因这次较多的收益而在未来威胁自己的安全，因此会拒绝合作。

第三次论战的结果不是一方战胜另一方，而是双方在本体论和认识论上逐渐走向了趋同，到 90 年代被统称为"理性主义"。事实上，就连基欧汉本人也承认，"现实主义理论试图在利益和权力的基础上预测国际行为，这是重要的。但是仅仅依靠这些，对理解世界政治还是不够的。它们还需要由强调国际制度的理论来补充，但不是由国际制度理论来取代它"。② 换言之，新自由制度主义是对新现实主义在理论上的有益补充。新自由制度主义在承认国际体系结构对国家行为产生影响的情况下，更深入地讨论了在国际体系结构不发生变化的情况下，国家仍然表现出不同的行为——有时合作有时冲突——的原因。③

第四节　第四次论战：理性主义与建构主义

第三次论战之后，现实主义和自由主义这两个国际关系学主流理论范式的科学化程度都有了很大提升，但理论的解释力和预测力似乎仍然不能令人满意。就像很多批评者指出的，这两大主义都未

---

① ［美］罗伯特·基欧汉：《霸权之后：世界政治经济中的合作与纷争》，苏长和、信强、何曜译，上海人民出版社 2006 年版，第 107 页。
② 同上书，第 12—13 页。
③ 秦亚青：《权力·制度·文化》，北京大学出版社 2005 年版，第 21 页。

能预见冷战的结束。不仅如此，冷战结束后国际形势也并未呈现符合新现实主义理论逻辑的弱国制衡强国、均势很快恢复的趋势，反而出现了与其逻辑相悖的美国长期单极独大的局面。主流理论面临的这些困境使得学界开始反思国际关系学科的科学性。由此，对国际关系科学化的质疑再次回到了国际关系理论的大讨论中来。一些学者提出，自然科学所倡导的实证主义和主流经济学所遵循的理性主义无助于更好地理解国际关系。这些质疑和反对理性主义和实证方法的学者被统称为"后实证主义（post-positivism）者"或者"反思主义（reflectivism）者"。新现实主义学者和新自由主义学者则被统归为"实证主义（positivism）者"或"理性主义者"。后实证主义者和实证主义者之间就研究者能否做到价值中立、研究者的观察能否独立于研究对象、是否存在完全客观的知识等本体论和认识论问题展开了又一次辩论。

  后实证主义包括批判理论（critical theory）、女性主义（feminism）、后现代主义（postmodernism）等多个派别，这些派别总体上都认为科学的认知不可能完全是客观中立的，研究的主体与客体也不能截然分开。后实证主义方法基于这样一个命题：人们能够设想、建构、组成他们所生活的世界，包括完全由人类安排的国际世界。① 批判理论的经典陈述是："理论总是为某些人与某些意图服务的。"批判理论学者认为，社会理论不可能做到价值中立。在他们看来，结构现实主义就是典型的"解决问题的理论"，这一理论并不是对国际关系的客观解释，而是"一门为强国控制国际体系而服务的科学"。② 除了对主流知识体系的批判外，批判理论学者还有着强烈的政治诉求，他们谋求进步性的变

---

① ［加］罗伯特·杰克逊、［丹］乔格·索罗森：《国际关系学理论与方法》，吴勇、宋德星译，中国人民大学出版社2012年版，第252页。
② Robert Cox, "Social Forces, States and World Order," in Robert Keohane ed., *Neorealism and Its Critics*, Columbia: Columbia University Press, 1986, pp. 204–254.

革，试图从社会力量内部入手寻找推翻现存不平等的政治经济秩序的动力。女性主义则将重点放在对现实主义理论所隐藏的男权主义及性别差异等偏见的批判上。他们认为现实主义者故意忽视女性的作用，因此才会将国际关系描绘成充满冲突和对抗的状态，而实际上"国际关系同样会展现出合作与更新的一面"。在女性主义看来，现实主义乃至整个国际关系学所描绘的当代世界都是错误的，因为它是在"男性霸权观"的主导下形成的，因而是不公正、不全面和有偏差的。[1]

与批判理论和女性主义相比，后现代主义走得更远。他们接受了福柯有关权力与知识关系的论述，认为知识深受权力运作的影响。因此，像新现实主义和新自由主义那样宣称发现社会世界本质的元叙事理论是不可能存在的。既然客观知识是不存在的，那么人类想在知识上取得进步进而增强认知和控制世界的能力从根本上来说就是不可能做到的；既然"历史不存在固定的含义、没有可靠的基础，也没有什么最终架构。……能够有的只是对它的解读"，[2]后现代主义便把对现实主义相关概念的二次解读作为最重要的任务。比如，他们认为"国家"概念实际上就同各种明显的或隐蔽的统治结构如国家主权主义、核主义、父权制等存在着密切的联系，他们的任务就是要颠覆"国家"在国际关系理论中的"霸权"。在后现代主义者看来，一切现实都是社会建构，不存在什么"真理"。

不过，20世纪90年代，这些后实证主义的批评并没有引发实证主义一方太多地回应。国际关系理论的第四次论战因而在前期略

---

[1] J. Ann Tickner and Laura Sjoberg, "Feminism," in Tim Dunne, Milja Kurki, and Steve Smith, eds., *International Relations Theories: Discipline and Diversity*, 3rd Edition, Oxford: Oxford University Press, 2012, pp. 205–222.

[2] Richard K. Ashley, "The Geopolitics of Geopolitical Space," *Alternatives: Global, Local, Political*, Vol. 12, No. 7, 1987, p. 408.

显平淡，没有展开太多真正意义上的对话。基欧汉指出："反思主义学派……更多的是在指责理性主义理论的不足，但自己却无法提出一套有实质内容的理论。这一研究项目的信徒们应创建出一套能够经得起检验……尤其是在自己的思想指导下进行一些经验主义调查。如果没有经过详细的研究，他们的成果就无法得到评估。"[①]尽管如此，后实证主义在本体论和认识论上对主流理论的质疑和挑战在90年代中后期助推了建构主义的成长，第四次论战由此正式进入激辩阶段。

建构主义走了一条相对中间一点的道路。建构主义在本体论上与后实证主义相同，坚持理念主义（idealism），认为社会的本质是观念性的，物质力量是次要的，"物质力量只有在被建构为对于行为体有着特定意义的时候才是重要的"[②]。但认识论上建构主义则又与实证主义接近，在一定程度上承认社会现象的客观性和可认知性。在这一认识论指导下，主流建构主义也致力于建立科学的理论体系。方法论上建构主义坚持整体主义，强调社会结构对具有主观能动性的行为体的建构作用。基于上述本体论、认识论和方法论，以亚历山大·温特为代表的建构主义学者构建了一套与现实主义和自由主义完全不同的理论体系。从分析层次上，它与新现实主义一样，都是体系结构理论，但建构主义所说的结构是社会学意义上的结构，不是权力的分配，而是一种观念的分配。国家间的互动会造就不同的观念结构，也就是不同的体系文化，而体系文化又会塑造国家的身份和利益，这种身份和利益继而决定国家的行为。根据这一理论逻辑，一方面，国家所面临的体系结构不是唯一的，现实主义所强调的"无政府状态"不能简单等同于霍布斯式的自然状态。

[①] Robert Keohane, "International Institution: Two Approach," in James Der Derian ed., *International Theory Critical Investigations*, London: Macmillan Press LTD, 1995, p. 302.

[②] ［美］亚历山大·温特：《国际政治的社会理论》，秦亚青译，上海人民出版社2008年版，第22页。

只有当这个无政府体系的文化被建构为霍布斯式的文化时，国家才会互为敌人，追求用暴力消灭对方；而如果体系文化被建构为洛克式的，国家会相互视为竞争对手，但同时会承认彼此的生存权；还有第三种可能，如果一个体系的文化是康德式的，那么即使仍是无政府状态，国家仍然会视彼此为朋友，会互相帮助而不是互相伤害。另一方面，国家的身份和利益并非如理性主义学者所认为的那样是先天给定的和一成不变的，而是随着后天的社会互动而建构和变化的。崛起国和霸权国并不一定互为"天敌"，获得霸权也并不一定是所有大国都想追求的利益。

否定身份和利益是先验给定的，强调行为体互动所形成的社会结构对行为体身份和利益存在建构作用，这是建构主义对理性主义的最核心挑战。在与理性主义的争论中，建构主义已发展为继现实主义、自由主义之后第三个拥有广泛影响力的国际关系理论范式。

进入 21 世纪特别是 21 世纪第二个十年后，国际关系宏理论之间论战的声音开始逐渐减弱，但各个层次理论之间的争论和对话仍在继续，而且这种争论和对话可能永远不会停止。事实上，正是一次次学术争论，才推动了国际关系学科的发展。"多种理论的涌现使（国际关系）学界变得更加健康。这不仅仅因为理论的涌现打破了国际关系学场域的局限，而且因为它也促使我们对该学科内那些主要的认识论和本体论假设进行反思"。[①] 不同的国际关系理论就像多彩的透镜一样，提供给我们观察世界的不同视角，让我们在奉为圭臬的不同的理论信仰下，给出对国际事务的多元认知。

[①] Steve Smith, "Introduction," in Tim Dunne, Milja Kurki, and Steve Smith, eds., *International Relations Theories: Discipline and Diversity*, 3rd Edition, Oxford: Oxford University Press, 2012, p 7.

思考题

1. 推动国际关系理论内部发生多次论战的主要原因是什么？
2. 第二次论战和第四次论战的区别是什么？
3. 后实证主义能够被看成是一个理论流派吗？

第四章
范式与现实主义的思想渊源

国际关系理论分类与范式

现实主义范式的思想渊源

范式与现实主义的思想渊源

第一节 国际关系理论分类与范式

国际关系理论众多，可以按照不同的标准对其进行分类。结构现实主义理论家华尔兹按照理论解释因素的层次将理论分成两大类：单元层次理论和体系层次理论。如果某个理论对国际关系现象做出的解释来自个体和国家层次，该理论就属于单元层次理论；而如果解释因素来自超越国家的体系层次，这类理论就称为体系层次理论。比如在众多解释战争原因的理论中，古典现实主义认为战争根源在于人性，该理论就属于单元层次理论；共和自由主义认为国家的政体类型会很大程度上影响战争是否会爆发，其基本观点是民主国家之间很少开战，因此该理论也属于单元层次理论；结构现实主义认为体系结构即国家间的实力对比会影响到国际体系的稳定程度，该理论就属于体系层次理论。

除了按照原因所属层次进行划分外，还可以按照解释对象的范围将理论分成大理论和中层理论。按照詹姆斯·多尔蒂（James E. Dougherty）和小罗伯特·普法尔茨格拉夫（Robert L. Pfaltzgraff. Jr）的说法，大理论旨在用概括的方法解释广泛的国际现象，而不考虑具体事例中的细节区别。① 例如摩根索的古典现实主义理论、华尔兹的结构现实主义理论就都属于大理论，这两个理论都旨在揭示和解释国际政治中包括冲突与合作、战争与和平等在内的诸多现象。中层理论是用尽可能少的变量解释有限的现象。② 比如一体化理论、地缘政治理论等，这些理论解释的对象都集中于某个具体议题领域。当然，这种大和中的划分界限有时并不十分清楚，对于一些介于二者之间的理论来说，对其的分类有时会出现争议。不过即便如此，有标准的分类显然要比不进行分类更有助于系统地学习理论。

除了上述两种分类方法外，国际关系学还经常以范式（paradigm）对理论进行分类。科学哲学家托马斯·库恩认为，范式就是"公认的模型或模式（Pattern）"③，科学知识的积累就是通过一个个"范式的转换"实现的。简单来讲，所谓范式就是对社会基本事实的一组假定或判断。在国际关系领域，范式就是对国际关系领域中的基本事实给出的一系列前提假定。这些假定一般涉及对以下问题的判断：社会世界的本原是物质还是观念？国际关系的本质是冲突还是合作？国际体系的主要行为体是国家还是涵盖国家在内同时包括国际组织、跨国行为体等其他非国家行为体？

国际关系理论的三个主流范式——现实主义、自由主义和建构主义——对这三个基本问题的回答不尽相同，由此导致了三个范式在一系列理论观点上的分歧。现实主义范式认为社会世界的本原是物质，冲突是国际关系的常态，民族国家是国际体系的主

---

① ［美］詹姆斯·多尔蒂、小罗伯特·普法尔茨格拉夫：《争论中的国际关系理论》第五版，阎学通、陈寒溪等译，世界知识出版社2013年版，第19页。
② 同上。
③ ［美］托马斯·库恩：《科学革命的结构》，金吾伦、胡新和译，北京大学出版社2012年版，第19页。

要行为体。自由主义范式在世界本原上认同现实主义的物质性假定,但它认为国际关系的本质是合作而非冲突,同时认为国际组织、跨国公司甚至公民个体同样也属于国际体系的主要行为体。与现实主义和自由主义不同,建构主义认为社会世界的本原是观念,同时认为国际关系的本质究竟是冲突还是合作并不是外生给定的,而是取决于国家间的社会建构过程以及由此塑造的体系主导性文化。在国际体系的主要行为体这一问题上,建构主义坚持国家中心论,认同现实主义范式关于民族国家是最主要行为体的假定。

值得注意的是,到20世纪80年代,随着新自由制度主义的兴起,自由主义和现实主义两种范式出现了一定程度的趋同。新自由制度主义接受了现实主义范式的绝大多数假定,最重要的是接受了国家中心论的假定。此外,在国际体系冲突和合作问题上立场也明显与现实主义范式接近。罗伯特·基欧汉在新自由制度主义代表著作《霸权之后》中说:"本书是研究当存在共同利益的情况下,世界政治经济中的合作是如何以及怎样才能组织起来的……现实主义理论是重要的,但还需要由强调国际制度的理论来补充,但不是由国际制度理论来取代它。"[①] 由此可见,新自由制度主义并不否认国际体系中冲突的存在,而只是更加强调国际制度能够有效促进合作。同时,如前所述,由于两大范式都遵循理性选择路径,到90年代两大范式就被统称为理性主义。

从范式的含义看,在国际关系理论发展的历次论战中,第一次、第三次和第四次论战属于范式之争,论战各方所遵循的对社会世界的假定不尽相同。而第二次论战由于不涉及对国际关系基本假定的判断,仅是方法论之争,因此不属于范式之争。

---

① [美]罗伯特·基欧汉:《霸权之后:世界政治经济中的合作与纷争》,苏长河、信强、何曜译,上海人民出版社2006年版,第4、12页。

从范式角度对国际关系理论进行分类，就是将遵循某一个范式基本假定的理论划归为同一个理论阵营。说某几个理论同属于一个范式，指的是它们都遵循相同的一组假定，而不是说他们的观点相同或研究问题相似。比如，商业自由主义和共和自由主义同属于自由主义范式，但前者是从相互依赖的角度研究国家的合作问题，后者是从政体类型入手研究国家的合作。再比如，均势理论和霸权稳定论同属于现实主义范式，但前者研究的是国家为什么会相互制衡，后者研究的是霸权为什么导致稳定。

从范式角度对理论进行分类同样存在一定的模糊性，尤其在对学者进行范式划分时，问题更加明显。有些学者早期的研究承认一种假定，后来又改变了信仰，认同另一种假定，这增大了精确划分的难度。尽管如此，在三大国际关系理论范式中，不乏被同行公认的、没有质疑的经典代表作和代表人物。这正如生物分类中每个科属都有自己的典型物种一样。因此，以下对国际关系理论的介绍将以三大范式为基本分类标准，以范式的发展为脉络，选取各个范式中不同发展阶段最具代表性的理论著作加以阐释和分析，以期较为准确地描述该范式的主流观点和基本思路。

第二节 现实主义范式的思想渊源

三大范式中，主导国际关系理论发展进程时间最长、影响力最大的无疑是现实主义范式，因此本节首先介绍现实主义范式的思想渊源。

国际关系理论的现实主义范式，从思想源头上可以追溯到修昔底德（Thucydides）、马基雅维利（Machiaveli）、霍布斯（Thomas Hobbes）等古代和近代历史学家、政治学家的思想。这些思想的共同特征是强调权力在政治活动中的主导作用。例如，修昔底德认为伯罗奔尼撒战争之所以会爆发，是因为"雅典势力的日益增长，由此引起拉栖代梦人（即斯巴达人）的恐惧，使战争成为不可避免的了"。① 战争的起因是权力之争。马基雅维利认为君主应该把统治建立在强大的国家实力或者更准确地说是建立在武力之上，"一切国家，无论是新的国家、旧的国家或者混合国，其主要的基础乃是良好的法律和良好的军队，因为如果没有良好的军队，那里就不可能有良好的法律，同时如果那里有良好的军队，那里就一定会有良好的法律"，② "任何一个君主国如果没有自己的军队，它是不稳固的"。③ 霍布斯认为，"所有人的普遍倾向即获得权力后不断追求更大权力的欲望，只有当死亡来临，这种欲望才会消失"。④ 这种关注权力的思想深刻影响了国际关系的现实主义范式，权力自然成为后者看待和解释国家行为的最重要变量。此外，卢梭虽然不强调权力的重要性，但他关于体系结构的思想也给国际关系的现实主义学者提供了重要的思想启迪。

一 修昔底德

就像现代哲学研究被称为"与柏拉图的永恒对话"一样，国际关系研究也可以被称作与修昔底德的永恒对话。修昔底德在《伯罗奔尼撒战争史》中做出的有关国家间关系的初步归纳，被视为国际关系理论思考的基础。⑤ 这本书的一个重要主题是有关正义

---

① ［希］修昔底德：《伯罗奔尼撒战争史》上册，徐松岩译，上海人民出版社2015年版，第51页。
② ［意］马基雅维利：《君主论》，潘汉典译，商务印书馆1985年版，第57页。
③ 同上书，第68页。
④ ［美］肯尼思·汤普森：《国际思想之父》，谢峰译，北京大学出版社2005年版，第92页。在黎思复、黎廷弼翻译的《利维坦》一书中，将这句话翻译为"我首先作为全人类共有的普遍倾向提出来的便是，得其一思其二、死而后已、永无休止的权势欲"。参见［英］霍布斯《利维坦》，黎思复、黎廷弼译，商务印书馆1985年版，第11章《论品行的差异》。
⑤ ［法］达里奥·巴蒂斯特拉：《国际关系理论》，潘格平译，社会科学文献出版社2010年版，第27页。

或者说是正义与强权的关系。① 修昔底德对国际政治中何为正义这一问题的阐释,在战争开始前雅典人就柯林斯对其帝国行为指控进行辩护的发言中以及战争开始后雅典人力图说服中立的米洛斯人服从其统治的辩论中有集中的体现。面对柯林斯的指控,雅典人辩护说,"我们也不是这个范例的倡导者。因为弱者应当臣服于强者,这一直就是一条普遍的法则"②。米洛斯人拒绝向雅典投降,相信神会保佑他们,相信他们是"以正义之师抗击不义之师",对此雅典人回应道,"公正的基础是双方实力均衡;同时我们也知道,强者可以做他们能够做的一切,而弱者只能忍受他们必须忍受的一切",③ "我们对神祇的信仰,对人们的认识,使我们相信,自然界的必然法则就是将其统治扩展到任何可能的地方。这个法则并不是我们的首创的,也不是我们首先将它付诸行动的;我们发现它由来已久,并将与世长存。我们现在的所作所为只是运用了这个法则,你们及其他有了我们现在的实力的人,也会做我们现在所做的事情"。④ 修昔底德通过使节们的演说词,向我们展示了他所认为的国际关系的正义是服从于权力关系的。强者逼迫弱者接受不平等的地位,这就是国际正义,也是国际政治的现实。这种国际正义观对摩根索等现代国际关系现实主义学者的国际政治道德观产生了深远的影响。

除了正义和强权的关系以外,修昔底德也提到了人性,"人就是要统治那些屈服于他们的人,正如他们要抗击那些无辜侵扰他们的人一样。这恰恰都是符合人的本性的"。⑤ "只要人性不变,这种

---

① [美] 列奥·施特劳斯、约瑟夫·克罗波西主编:《政治哲学史》第三版,李洪润等译,法律出版社 2009 年版,第 4 页。
② [希] 修昔底德:《伯罗奔尼撒战争史》上册,徐松岩译,上海人民出版社 2015 年版,第 82 页。
③ [希] 修昔底德:《伯罗奔尼撒战争史》下册,徐松岩译,上海人民出版社 2015 年版,第 403 页。
④ 同上书,第 406 页。
⑤ [希] 修昔底德:《伯罗奔尼撒战争史》上册,徐松岩译,上海人民出版社 2015 年版,第 301 页。

灾祸（指暴力厮杀）将来永远都会发生，尽管依照不同的情况，情形各异。"①

二 马基雅维利

马基雅维利是西方近代最早从人性及人的经验角度观察政治和国家问题的思想家。② 如马克思所说，马基雅维利"已经用人的眼光来观察国家了，从理性和经验中而不是从神学中引申出国家自然规律"。③ 马基雅维利相信人们具有共同的人性，人们的种种行为都受人性支配，因此社会历史的发展会呈现出某种规律性。"谁打算预见未来，就必须研究过去，因为人类的历史事件总是和过去时代的事件相似。情况之所以如此，那是因为人的所作所为，一直是，而且将来也是由于人类相同的种种冲动的刺激，所以必然产生相同的结果。"④ 这种从人性的角度探究历史规律的做法，成了国际关系古典现实主义理论的研究起点。

在马基雅维利看来，人性本恶，当人的欲望无法满足时，便会诉诸战争。"人们心中的贪欲如此顽强，无论他的地位升到多么高也摆脱不了；自然把人造成想得到一切而又无法做到；这样的欲望总是大于获得的能力，于是他们对已获得的总觉得不够多，因为有些人想要更多一些，而另外一些人则害怕失去他们现有的东西，随之便是敌对和战争。"⑤ 在马基雅维利看来，人的贪欲使得冲突和

---

① ［希］修昔底德：《伯罗奔尼撒战争史》下册，徐松岩译，上海人民出版社2015年版，第245页。
② 徐大同主编：《西方政治思想史》第三卷，天津人民出版社2006年版，第29页。
③ 中央编译局：《马克思恩格斯全集》第一卷，人民出版社1957年版，第128页。
④ 徐大同主编：《西方政治思想史》第三卷，天津人民出版社2006年版，第22页。
⑤ Allan Gilbert ed., *Machiavelli: The Chief Works and Others*, Durham: Duke University Press, 1989, p. 272.

战争成为一种常态性行为。不仅如此，为满足私欲，个体还变得非常虚伪和善变，缺乏信誉和忠诚感。"关于人类，一般地可以这样说：他们是忘恩负义、容易变心的，是伪装者、冒牌货，是逃避危难，追逐利益的。当你对他们有好处的时候，他们是整个儿属于你的。正如我在前面提到的，当需要还很遥远的时候，他们表示愿意为你流血，奉献自己的财产、性命和自己的子女，可是到了这种需要即将来临的时候，他们就背弃你了。"① 因此对于君主来说，应该让臣民更畏惧他，而不是爱戴他。因为"爱戴是靠恩义这条纽带维系的；然而由于人性是恶劣的，在任何时候，只要对自己有利，人们便会把这条纽带一刀两断"。② 对于君主个人而言，他需要既机敏老练，又有强大的威慑力。"必须是一头狐狸以便认识陷阱，同时又必须是一头狮子，以便使豺狼惊骇。"③

除了人性恶的观点外，马基雅维利的另一个重要论断是强调道德与政治的分离。如马克思所说，"政治的理论观念摆脱了道德，所剩下的是独立地研究政治的主张，其他没有别的了"。④ 马基雅维利在严格区分统治者德行与善行的基础上，确立了"以目的说明手段正当"的政治无道德论。在马基雅维利看来，"人们实际上怎样生活同人们应当怎样生活，其距离是如此之大，以至于一个人要是为了应该怎样办而把实际上是怎么回事置诸脑后，那么他不但不能保存自己，反而会导致自我毁灭"。⑤ 因此，对于君主来说，具备诚实、慷慨、仁慈等德行固然好，但是人类的贪婪、狡猾、怯懦却不允许君主完全保持这些优良品质，"一个君主如要保持自己的地位，就必须知道怎样做不良好的事情，并且必须知道视情况的

---

① ［意］马基雅维利：《君主论》，潘汉典译，商务印书馆1985年版，第80页。
② 同上。
③ 同上书，第84页。
④ 《马克思恩格斯全集》第三卷，人民出版社1960年版，第368页。
⑤ ［意］马基雅维利：《君主论》，潘汉典译，商务印书馆1985年版，第73页。

需要与否使用这一手段或者不使用这一手段";①"君主必须有足够的明智远见,知道怎样避免那些使自己亡国的恶行,并且如果可能的话,还要保留那些不会使自己亡国的恶行"。② 这些恶行包括"为了自己安全的必要,可以偶尔使用残暴手段",③"当遵守信义反而对自己不利的时候,或者原来使自己做出诺言的理由现在不复存在的时候,一位英明的统治者绝不能够,也不应当遵守信义"④等。换言之,在涉及权力地位、国家存亡的根本问题上,马基雅维利认为,君主的行为可以不受任何道德规范的约束。这就是所谓的马基雅维利主义。这种政治上的无道德论对国际关系的影响就是后来的现实主义学者在对国家行为进行解释和辩护时,普遍强调国家的政治道德与普通个体的道德不同,衡量国家政治道德的标准是国家利益,而非人与人之间的普遍的道德准则。

三 霍布斯

与马基雅维利将冲突的本源归因于人性不同,霍布斯提供了分析冲突根源的另一个思路。在《利维坦》一书中,霍布斯提出了"自然状态"(state of nature)这一概念,认为在国家成立以前,人类生活在一种"不存在公权力"的状态中。自然使人在身心两方面的能力都十分相等。这种能力上的平等使得人们希望自己与其他人所能达成的目的也是平等的。因此,"当人们同时想占有某物而不能共有或分享时,彼此就会成为仇敌"。⑤ 人人又都是自由的,每个人都有按照自己的意愿用自己的力量保全自己的自由。人性中的竞争、猜疑和荣誉驱使人求利益、求安全、求名誉,最终使得这种竞争关

---

① [意]马基雅维利:《君主论》,潘汉典译,商务印书馆1985年版,第74页。
② 同上。
③ 同上书,第43页。
④ 同上书,第84页。
⑤ [英]霍布斯:《利维坦》,黎思复、黎廷弼译,商务印书馆1985年版,第93页。

系变成对彼此的侵害。"财富、荣誉、统治权或其他权势的竞争,使人倾向于争斗、敌对和战争。因为竞争的一方达成其欲望的方式就是杀害、征服、排挤、驱逐另一方。"① 就这样,"在没有一个共同权力使大家慑服的时候,人们便处在所谓的战争状态之下"。② 因此,"自然状态"就是一种"一切人反对一切人的战争"状态。"人们不断处于暴力死亡的恐惧和危险中,人的生活孤独、贫困、卑污、残忍而短寿。"③ 霍布斯认为,导致自然状态充满冲突的原因既源于"公共权力缺乏"这一结构性的因素,也源于人的天性,但结构因素是第一位的。如果没有某种强制力对人们行为加以约束,每个人之间都将互不信任、相互恐惧,冲突也就在所难免。④

将霍布斯的思想延伸到国际体系可以看到,人们为逃离"自然状态"而建立起国家,由此形成的有国家组成的国际体系又宿命般地陷入另一种"自然状态"之中。国际体系同样处于无政府状态(anarchy),没有凌驾在国家之上的世界政府或权威,就像在"自然状态"下的个体一样。"在所有的时代中,国王和最高主权者由于具有独立地位,始终是互相猜忌的,并保持着斗剑的状态和姿势。他们的武器指向对方,他们的目光互相注视;也就是说,他们在国土边境上筑碉堡、派边防部队并架设枪炮;还不断派间谍到邻国刺探,而这就是战争的姿态。"⑤ 根据霍布斯的思想,国际体系同样处于"战争状态",其根源就在于国际体系的无政府性。

四 卢梭

与霍布斯的分析路径相似,卢梭同样试图从结构层次分析和理

---

① [英]霍布斯:《利维坦》,黎思复、黎廷弼译,商务印书馆1985年版,第73页。
② 同上书,第94页。
③ 同上书,第95页。
④ 徐大同主编,《西方政治思想史》第三卷,天津人民出版社2006年版,第222—223页。
⑤ 同上书,第96页。

解个体的政治行为。卢梭在《论人类不平等的起源和基础》一书中举了这样一个例子:"如果大家在捕一只鹿,每人都很知道应该忠实地守着自己的岗位。但是如果有一只兔从其中一人的眼前跑过,这个人一定会毫不迟疑地去追捕这只兔;当他捕到了兔以后,他的同伴们因此而没有捕到他们的猎获物这件事,他会不大在意,这是无须怀疑的。"① 这里就产生了一个问题:在卢梭看来,自然状态下的人是"非善非恶"的,"彼此间没有任何道德上的关系,也没有人所公认的义务,所以他们既不可能是善的也不可能是恶的,既无所谓邪恶也无所谓美德",② 那么为什么人们最后会选择损人利己的捕兔行为,而不是选择共同受益的捕鹿行为?卢梭认为,原因不在于人的天性,而在于人们对其他人的行为没有丝毫把握:因为其中没有任何权威能对违反约定的行为作出惩罚。③ 国际关系存在相同的问题。国际体系处于无政府状态,国家很难信任彼此,"安全和生存需要它变得比所有的邻国都强大"。④ 与自然状态下的个体相比,国家与国家之间有着更为固定和密切的联系,因此,"将以种种可能的手段摧毁或削弱对方的意图变为行为"(战争)和"尚未付诸行动的这种意图"(战争状态)也就成为必然和常态。⑤

霍布斯和卢梭的思想给国际关系的现实主义学者提供了从无政府状态这一结构角度看待国家行为的崭新视角。这一分析路径为后来的结构现实主义所继承。

---

① [法]卢梭:《论人类不平等的起源和基础》,李常山译,商务印书馆1997年版,第140页。
② 同上书,第118页。
③ [法]达里奥·巴蒂斯特拉:《国际关系理论》,潘格平译,社会科学文献出版社2010年版,第35页。
④ [法]卢梭:《评圣皮埃尔神甫的两部政治著作》,李平沤译,商务印书馆2017年版,第50页。
⑤ 同上书,第48—53页。

上述思想家的观点最突出的共性是对政治行为和结果的悲观判断。此外，他们大都认为，在无政府状态下，国家无所谓道德，如果有的话，也完全不同于人与人之间道德准则，国家道德服从于权力关系，服务于国家利益。不仅如此，上述思想还提供了分析国际政治问题的两种重要路径，一种是基于人性这种个体或单元维度，另一种是基于体系结构的维度。

思考题

1. 现实主义、自由主义与建构主义在世界观上有什么区别？
2. 修昔底德、马基雅维利和霍布斯的现实主义思想有何异同？

第五章
古典现实主义

国家间政治的本质

国家权力理论

限制国家权力的方式

古典现实主义

现实主义更加关注实然性而非应然性的问题，主张在改造世界之前应当首先理解世界，准确把握国际政治的基本规律。在现实主义看来，国际政治的实质是权力之争，任何忽略权力要素的分析都是脱离实际的；冲突是国家间互动的常态。因此，现实主义范式的理论都倾向于从权力的视角解释国家间的冲突或战争问题。对于战争根源问题的不同回答，形成了现实主义范式的三个主流理论，按照出现的时间先后顺序，分别是古典现实主义（classical realism）、新现实主义和新古典现实主义（neoclassical realism）。其中，古典现实主义是现实主义范式最先建立的理论，它强调从人性的角度理解战争的起源。新现实主义被认为是国际关系所有理论中科学化程度最高的理论，它主张从体系层次理解国家间的互动结果。新古典现实主义是冷战结束之后现实主义学者在反思原有理论不足的基础上发展出的一个新的理论研究路径，主张结合体系和国家两个层次的因素解释国家间的冲突。本章讲解古典现实主义的主要思想，第六、第七章分别介绍新现实主义和新古典现实主义。

古典现实主义的最重要的代表人物是摩根索。用著名的国际关系学者斯坦利·霍夫曼的话来说，"如果我们（国际关系）学科有奠基之父的话，那就是（汉斯·）摩根索"。① 作为国际关系学科的奠基人，他有关国际政治的重要思想集中体现在 1948 年出版的《国家间政治：权力斗争与和平》一书中。这本书全面阐述了古典现实主义理论的核心主张，是理解古典现实主义理论的最重要著作。

第一节　国家间政治的本质

摩根索认为，权力斗争是国家间政治的基本内容，这一思想集中体现在他所提出的政治现实主义的六个原则中。这六个原则被称为"摩根索六原则"。

第一，政治受到植根于人性的客观法则的支配。政治法则的根源是人性。② 在摩根索看来，人性是国际关系的基础，是分析国家行为的逻辑起点。人性是自私逐利的，"生存、繁衍和支配的本能欲望是人所共有的"，③ 支配倾向是"所有人类组织中的一个基本要素，它贯穿于从家庭到国家的各个层次上"。④

第二，利益由权力（power）来界定。摩根索认为，政治领域中，当谈到对利益的追求时，实际指的是对"权力"的追求。这与用财富界定利益的经济学等学科有本质的不同。"国际政治像一切政治一样，是追逐权力的斗争。无论国际政治的终极目标是什么，权力总是它的直接目标。"⑤ 正是由于政治家的思想和行动都是从以权力界定的利益出发，因此"不论相继执政的政治家有如何不同的动机、好恶、知识水平和道德品质，外交政策都具有惊人

---

① ［美］汉斯·摩根索：《国家间政治：权力斗争与和平》，徐昕、郝望、李保平译，北京大学出版社 2006 年版，第 1 页。
② 同上书，第 28 页。
③ 同上书，第 62 页。
④ 同上书，第 63 页。
⑤ 同上书，第 55 页。

的连续性"。① 这个假定是学者们可以（在一定程度上）预测国际政治现象的根本前提。

第三，以权力界定利益的概念是普遍适用的客观范畴，不受时间和空间的影响。② 在摩根索看来，利益的概念能够穿越时空，是判断和指导政治行为的唯一永存的标准。在任何时候，各行为体都会因利益的一致而联合行动，也会因利益的冲突而分道扬镳。不过，摩根索同时强调，利益具体的含义并不是固定不变的，"在特定的历史时期，什么样的利益决定政治行为，要视制定外交政策时所处的政治和文化环境而定"。也就是说，利益的具体内容和实现方式在不同时期会有所不同，但利益指导行为这个原则是不变的。

第四，不能用抽象的道德原则来评价国家的行为。抽象的道德要求和成功的政治行动的需要之间存在着不可避免的紧张状态。③ 在摩根索看来，对个人而言有道德的行为，对国家而言往往是不道德的。个人以道德之名做出自我牺牲是高尚的、合乎道德的行为，国家却不能以此为名做出自我牺牲，这是不负责任的行为。对个人来说，烧杀抢掠违反道德法律，但对国家而言，往往能够通过牺牲他国民众的生命换取国家的生存和安全。因此，抽象的道德原则不能直接适用于国家，国家的道德要求与人与人之间的道德要求是不同的。就国家而言，"事实上，采取成功的政治行为本身就是基于国家生存的道德原则"。④

第五，拒绝把特定国家的道德愿望上升为普天下适用的道德法则。⑤ 在摩根索看来，所有国家在诱惑下都会用"适用于全世界的道德目标来掩饰它们自己的特殊愿望和行动"。这就像十字军东征

---

① ［美］汉斯·摩根索：《国家间政治：权力斗争与和平》，徐昕、郝望、李保平译，北京大学出版社2006年版，第29页。
② 同上书，第34页。
③ 同上书，第36页。
④ 同上。
⑤ 同上书，第37页。

式的狂热，以"道德原则、理想或上帝"之名，实际毁灭了众多的民族和文明，这在道德上显然是站不住脚的。因此，要防止以道德之名推行民族主义。

第六，政治现实主义强调政治学具有独立的学科地位。摩根索认为，像经济学、法学、伦理学等学科一样，政治领域也具有独立性。学科独立的标志是回答了其他学科不曾回答的问题。经济学家会问，一项政策对社会财富有何影响？法学家会问，该项行动是否具有合法性？伦理学家会问，该行为是否符合道德原则？而国际政治学则研究这些学科均不涉及的另一个问题：这项政策会如何影响国家的权力？[1] 正是摩根索找到了国际政治学不同于其他学科的研究问题，才确立了国际政治学的独立学科地位。

摩根索六原则框定了古典现实主义理论的研究议程。它确立了从人性出发解释国家行为的研究起点，这显然是对马基雅维利思想的继承；给出了国家行为的基本准则，即以权力界定的利益是指导国家行为的唯一标准；厘清了国家利益和道德价值的关系，政治道德服从于国家利益，"没有审慎就不可能有政治道德，而审慎指的是对看起来合乎道德的行动的政治后果的深思熟虑"。[2] 不难看出，六原则中不管是人性、利益还是道德，无不与权力相关，因此权力理论就成了古典现实主义理论最重要的理论基石之一。

第二节 国家权力理论

权力是古典现实主义的核心概念，对于权力的论述自然成为古典现实主义学者最主要的理论建构工作之一。

---

[1] ［美］汉斯·摩根索：《国家间政治：权力斗争与和平》，徐昕、郝望、李保平译，北京大学出版社2006年版，第37页。
[2] 同上书，第9页。

一 权力的本质

权力是一种控制力，是对他人意志和行为的控制。权力与武力（force）不同，前者体现的是权力行使者与权力行使对象之间的心理关系（psychological relation）。之所以会有这种心理关系，源于权力行使对象对利益的期待、对损失的恐惧，以及对领袖或制度的敬仰和爱戴。换言之，如果权力行使对象没有任何的利益期待，不担心受损，也不曾敬仰过他者，那么权力行使者就无法拥有对权力对象的权力。

权力的行使可以通过命令、威胁、个人或机构的权威或魅力，或者这些因素的结合得以实现。[1] 这与上述所说武力有本质的不同。在国际政治领域，军事力量常常被用作强制（coercion）的工具，是一国获取权力的最重要物质因素。当 A 国通过军事强制让 B 国屈服进而成功控制其行为时，两国间就建立起一种心理联系，A 国就对 B 国产生了权力。而如果 A 国通过强制未能让 B 国屈服，因而不得不对 B 国实际使用军事力量，那么此时两国之间就不存在权力关系，而只是武力关系。从这个意义上讲，权力与武力之间存在着一种逻辑上的关联，权力消失的地方就是武力出现的地方。当心理联系消失时，国家会选择诉诸武力来解决问题。

二 国家权力的模式

在摩根索来看，无论是国内政治还是国际政治，都包含有三种基本的权力模式，即保持权力、增加权力和显示权力。[2] 与之相对应的国际政策，就是现状政策（policy of status quo）、帝国主义政策

---

[1] ［美］汉斯·摩根索：《国家间政治：权力斗争与和平》，徐昕、郝望、李保平译，北京大学出版社2006年版，第56页。
[2] 同上书，第76页。

(policy of imperialism)和威望政策（policy of prestige）。如果一国的外交政策趋向于保持现有权力而不是朝着利己的方向改变权力分配，则该国奉行的就是现状政策；如果一国的外交政策目的在于通过改变现存的权力关系获得比它当前拥有的权力更多的权力，那么该国奉行的就是帝国主义政策；如果一国的外交政策寻求的是为保持或增加权力而显示它所拥有的权力，则该国奉行的就是威望政策。

现状政策 现状政策的目的在于维持历史上某一特定时期的权力分配状态。一般来说，在一场全面战争结束后，国际社会都会通过和平条约将战争所造成的权力变动固定下来。那些力图通过各种手段维持条约所确立的新的现状的国家，就是在执行现状政策。比如，拿破仑战争后，欧洲各国签订了《巴黎条约》，以条约的形式将战争结束时的现状固定下来。随后不久，俄国、普鲁士和奥地利三国结成了神圣同盟，试图以这种方式确保条约所确立的权力现状得到维持。同样，第一次世界大战结束后的《凡尔赛条约》是对第一次世界大战所造成的新的权力分配格局的确认，之后美英等国倡导建立的国际联盟，其核心功能也是用来维持和固化第一次世界大战后新的权力格局。值得注意的是，奉行现状政策并不意味着反对任何变化。它不反对变化本身，只是反对任何会导致两个或更多国家间权力关系发生逆转的变化。[①] 如果一个国家只是小幅度地增加了自身的权力，并未改变地区乃至全球的权力分配关系，仍可认为这个国家在推行现状政策。

帝国主义政策 如果一个国家旨在推翻现存的权力关系，那么它就在推行帝国主义政策。一个国家之所以会选择帝国主义政策，大致是由于受到了三种因素的诱导。一是战争的胜利。一个国家获得局部战争的胜利，往往会助长该国的权力欲望，进而改变并扩大原有的战

---

① ［美］汉斯·摩根索：《国家间政治：权力斗争与和平》，徐昕、郝望、李保平译，北京大学出版社2006年版，第80页。

略目标，推行帝国主义政策。例如，在朝鲜战争中，当以美国为首的联合国军将深入韩国境内的朝鲜军队轻松推回至三八线时，美国便改变了原有的作战计划，试图一举"解放"朝鲜半岛，从而将战火燃到了鸭绿江边，这时美国推行的便是帝国主义政策。二是战争的失败。一国在前一次战争中战败后，很容易激发起改变现状的斗志。比如20世纪30年代德国之所以选择扩军备战，很大程度上就是因为受到了第一次世界大战战败的刺激，企图重塑第一次世界大战之前欧洲大陆的权力分配格局。三是权力真空的出现。当一国周边或其关注地区出现了权力真空或国家虚弱时，容易诱使该国推行帝国主义政策。例如，当19世纪清朝对朝鲜半岛的控制力因西方国家的入侵而明显下降时，日本便趁机入侵朝鲜，于1876年逼迫朝鲜签订《江华条约》，意图以朝鲜为跳板入侵中国东北，进而主导东北亚权力分配格局。

奉行帝国主义政策的国家可能存在三个由大到小的目标：一是建立世界帝国，也就是进行无限制的权力扩张。"如果没有一个优势力量阻止的话，它就将一直走到世界的边缘。"[①] 二是建立大陆帝国，以地理为限，建立统治整块大陆的帝国。三是建立区域性帝国。这种帝国不同于以地理为限的大陆帝国，后者是自然客观事实的产物，区域性帝国是主观选择的结果。奉行帝国主义政策的国家在理性权衡之后，基于对自身实力和外部环境的判断，将势力范围限制在最合理的区域内。德国就曾先后追求这三个目标："俾斯麦想要在中欧确立德国的优势，威廉二世意在称雄全欧，希特勒则企图称霸全球。"[②]

奉行帝国主义政策可以使用军事、经济和文化三种手段，与之对应的就是军事帝国主义、经济帝国主义和文化帝国主义。军事征

[①] ［美］汉斯·摩根索：《国家间政治：权力斗争与和平》，徐昕、郝望、李保平译，北京大学出版社2006年版，第93页。

[②] 同上书，第95页。

服是最古老的帝国主义形式，其优势在于一旦通过武力获得成功，现状就很难被推翻，除非被征服国家有能力发动新的战争。其缺点在于胜败往往难以预料，危险程度无疑是三种手段中最高的。经济帝国主义通过经济控制实现改变现状的目标。与军事帝国主义相比，其风险较低，是保持对他国控制的一种不引人注目的、间接的却相当有效的方式。文化帝国主义与前两种手段都有所不同，它既不是通过占领领土，也不是通过控制经济，而是通过征服人们的心灵来改变两国间的权力关系。因此，如果文化手段能够单独取得成功的话，它将是最成功的帝国主义政策。但是在实际应用中，它往往作为军事和经济手段的附属方式，通过文化渗透起到软化敌人、赢取民心的作用。

威望政策 威望政策在多数情况下是为现状政策和帝国主义政策服务的。威望政策一般通过两种方式来展示权力：一是外交礼仪，二是炫耀武力。在外交礼仪中，外交官所享受的待遇与一国的权力密切相关。要求与自身权力对等的待遇，或是拒绝那些与自身权力地位不相称的外交待遇，都意在彰显本国强大的权力。除了外交待遇之外，国际会议会址或国际组织所在地的选择也能显示一国所拥有的权力。会址或驻地由一个国家迁移到另一个国家在很大程度上就象征着权力优势的转移。比如第二次世界大战前最大的政府间国际组织国际联盟的所在地在瑞士的日内瓦，而继国联之后的联合国的总部就转移到了美国纽约，这反映出第二次世界大战后世界权力的中心从欧洲转移到了美国。

炫耀武力是另一种显示权力的重要方式。其中，军演是炫耀武力最常用的手段。例如，2013年乌克兰危机发生之后，美国和俄罗斯分别多次在地中海附近举行大规模军事演习，大秀"肌肉"，目的就是展示己方强大的军事实力，对对方试图改变现状的行为进行威慑。除军演之外，局部或全面军事动员是威望政策所能使用的最激烈的军事形式。

在实施威望政策的过程中，应避免三种错误的做法。一是过分强调每次行动对一国威望的影响。一国的威望或者说国际社会对一国权力的印象是"一国的品质和行动、功业和败绩、历史遗产和愿望的综合反映"，① 因此摩根索告诫称，一国不必为了显示权力而过分关注和强调每一次行动的成败。二是过于夸大自身的实力。对于炫耀实力的国家而言，如果过分夸大了实际拥有的实力，短期内可能获得较高的声誉，甚至能吓阻他国对本国的侵犯。但长此以往或是有国家敢于站出来挑战这种虚张声势的权威的话，那么真正的实力大小就会在极短的时间里暴露无遗。比如，第二次世界大战前法国宣称其修建的马其诺防线坚不可破、似天然屏障一样牢固，一度曾慑止了德国对法国的军事挑衅，但当1940年德国决定对法国发起进攻时，马其诺防线很快崩溃，不到一个月法国全部沦陷。

　　三是贬抑自身的实力。在不谋求高于自身实力的声誉的同时，也应注意不能走向另一个极端，即过分贬抑自身的实力。国际体系处于无政府状态，所以他国对本国实力大小的变化十分敏感。如前所说，当周边国家虚弱时，会极易引发一国的帝国主义行为。因此当对外展示出的实力远小于实际的实力大小时，对一国而言也是非常危险的。例如第二次世界大战时期日本之所以敢偷袭美国珍珠港，和当时美国对外展示的不十分强大的实力有密切关联。对美国实力的轻视是促使日本决心挑战美国的重要原因。所以，在实施威望政策时，"向世界各国显示自己国家所拥有的权力——既不虚张声势也不谨小慎微——是一项明智的威望政策的任务"。②

三　国家权力的基础

　　既然各国都为权力而战，那么权力的基础是什么？或者说哪些

---

① ［美］汉斯·摩根索：《国家间政治：权力斗争与和平》，徐昕、郝望、李保平译，北京大学出版社2006年版，第119页。
② 同上书，第122页。

因素构成了权力？在摩根索看来，构成权力的要素（elements of national power）包括了相对稳定的和不断变化的两类要素，[1] 稳定程度由高到低分别是地理、自然资源、工业能力、战备、人口、民族性格、国民士气、外交的素质和政府的素质。在这九个要素中，摩根索认为外交的素质最为重要。其他要素就像是国家权力的原料，而外交作为一门艺术，它能够将国家权力的不同要素整合调动起来，以最大的作用影响国际局势。在某种意义上说，外交素质的高低决定了权力要素是否能够以及最终转化为多少权力的问题。虽然古典现实主义对权力要素的论述还停留在比较朴素的层面，但这种将外交艺术与权力原料相区分的思想对后来学界关于硬实力（资源性实力）和软实力（操作性实力）的研究提供了重要启发。

四　国家权力的评估

通过衡量权力要素的大小进而准确评估一国的权力对一国对外政策的制定和实施至关重要。因此，应注意避免三种可能的评估错误。一是绝对性错误。在国际政治中，真正对一国安全有重大影响的是相对实力而非绝对实力，因此评估国家实力不能只关注自身的实力大小，而应尽可能准确地判断本国相对于他国的实力增减情况。二是永久性错误。对实力的测量不是一劳永逸的事情，一国的实力在不断变化，因此应当定期对国家实力进行评估。三是单一性错误。权力的组成要素是多元的，因此在对整体实力进行衡量时，不应过于强调某一因素的重要性，而忽略了其他因素。比如，在摩根索看来，地缘政治学是一门伪科学，原因就在于它赋予地理因素以绝对地位，"地理决定国家的权力，因而决定着国家的命运"；[2]

---

[1] ［美］汉斯·摩根索：《国家间政治：权力斗争与和平》，徐昕、郝望、李保平译，北京大学出版社2006年版，第148页。

[2] 同上书，第196页。

民族主义、军国主义也存在类似错误，它们过度拔高了民族情感或者军事力量这些单一因素对整体实力的作用。

第三节　限制国家权力的方式

既然国家的本性在于扩张权力，而扩张权力会带来国际体系的不稳定，那么如何限制国家的权力呢？古典现实主义认为，限制国家权力的方式包括权力均衡、国际道德、世界舆论和国际法等。而其中以权力限制权力的权力均衡方法相对最为有效。正如约翰·伦道夫所说，"你可以在羊皮纸上遍写限制的文字，然而只有权力才能制约权力"。①

一　权力均衡

所谓权力均衡，既可以理解为多个力量彼此制约而形成的一种动态平衡的状态，也可以指旨在寻求这种态势出现的政策。权力的彼此均衡有两个重要的作用：一是通过制衡实现国家间权力关系的相对稳定，二是确保一国免受另一个国家的支配。② 为了实现体系内的权力均衡状态，可以减轻天平较重一侧的分量，也可以增加天平较轻一侧的分量。

减轻天平较重一侧的分量主要通过分而治之的方法来实现。分而治之，简单来讲就是保持大国的分裂。1648 年的三十年战争结束之后，法国担心统一的德国将威胁整个欧洲大陆的均势，就一直对德意志地区采取这种分而治之的政策，将其维持为多个独立的小国。受法国政策的影响，德国直到 1871 年才由普鲁士完成了统一。

---

① ［美］汉斯·摩根索：《国家间政治：权力斗争与和平》，徐昕、郝望、李保平译，北京大学出版社 2006 年版，第 207 页。
② 同上书，第 211 页。

增加天平较轻一侧的分量可以通过增加自身实力和联合他者的方式来实现。增加自身实力具体有两种方式。一是补偿政策，即通过瓜分小国的领土来补偿自身实力的不足。18世纪末波兰被三次瓜分就是奥地利、普鲁士和俄国三个大国执行均势政策、补偿自身不足的结果。二是增加自身军备，即通过增强自身的军事实力来达到制衡强国的目的。联合他者指的就是与他国结盟，以此达到均势状态。例如，冷战时期，很多社会主义国家与苏联结盟，组建了华约组织，而资本主义国家则建立了以美国为首的北约集团，从而实现了两方势力大致均衡的态势。

通过这些方法实现的权力均衡，是否真的能够保证权力关系稳定和小国生存？摩根索认为，从1648年到18世纪末波兰被瓜分完毕之前的这段时间，欧洲很多国家都保存了下来，其间也没有任何一个国家真正取得霸权。但问题是，这种均衡是以战争为代价的，"从1648年到1815年战争烽火绵延不断"。[①] 在这些战争中，也有大量小国被吞并。比如拿破仑战争，1810年法国直接吞并、武装占领或法律兼并的欧洲地区就包括北欧、意大利、大部分南欧和西欧。即使是和平时期，也有像波兰这样的国家被瓜分吞并事件零星发生。究其原因，主要在于权力均衡存在一些弱点。

一是权力均衡的不确定性。对大国相对力量的合理评估是权力均衡得以维持的关键所在。但如前面所说，权力评估往往难以做到准确，这不仅在于权力的组成要素在不断发生变化，还涉及一个要素的变化对其他要素的影响问题，以及不同要素如何进行比较。此外，更为重要的是盟友的不确定性。结盟是权力制衡的重要手段。因此，盟友数量的多少能极大地影响和改变整体力量的对比。而在无政府状态下，盟友往往又是不可靠的。例如第一次世界大战中，

---

① ［美］汉斯·摩根索：《国家间政治：权力斗争与和平》，徐昕、郝望、李保平译，北京大学出版社2006年版，第239页。

本是三国同盟成员的意大利在战争开启之后突然转向协约国同盟，并将战争矛头指向了奥地利，从而在一定程度上逆转了战争的态势。正是盟友关系的不可靠，使得大国间相对力量的对比常常处于一种不确定的状态，从而影响了均势的维持及其功能的发挥。

二是权力均衡的不现实性。权力均衡的不确定性带来的结果是国家会从最坏的角度出发，希望尽可能增强自身的实力以保证国家的安全。如此一来，本就脆弱的权力均衡很容易被追求权力优势的国家频频打破。

三是权力均衡机制本身功能的不足。摩根索认为，权力均衡之所以能在欧洲的17世纪到19世纪的大部分时间发挥作用，除了权力均势本身之外，还在于这种均势建立在欧洲的共同道德观念之上。这一道德要求国家应是有节制的、追求适度而非无限的权力目标。当这种共识削弱甚至被打破之后，单靠均势机制就难以维持体系的稳定和小国的独立，从波兰被瓜分到拿破仑战争结束这期间即是如此。

尽管权力均衡机制在限制权力方面的实际效果不甚理想，但这种脆弱的动态的平衡仍然对缓解无政府状态下国家之间的冲突起到了一定的积极作用。不仅是古典现实主义学者，新现实主义学者也承认这一点，只不过对于何种均势相对更加稳定，两者的认识有所不同。在摩根索看来，在各种均势中，多极均势更为灵活。大国数量越多，可能的联盟数目就越多，联盟的不确定性就越大。而联盟的这种不可靠性使得任何一个大国都必须在国际政治的棋局上慎重举步，以尽可能减少贸然的改变带来的巨大风险，从而保证了多极均势的相对稳定。此外，多极均势下离岸平衡手的存在也有助于均势的维持与稳定。

二 限制权力的其他方式

除了权力均衡之外，国际道德、世界舆论和国际法是讨论最为广泛的其他三种限制权力的方式。摩根索认为，对于这三种方式，既"不能过度估计它们对国际政治的影响，也不能过低估计它们对国际政治的影响"。①

就国际道德来说，它所发挥的作用在于"道德规则完全禁止从权宜出发来考虑某些政策"。② 比如和平时期保护人类生命的道德要求。摩根索认为，国际道德曾经在17世纪、18世纪的欧洲发挥过更大的功效，它"把各国的权力欲望限制在相对狭小的范围内"，③ 而第一次世界大战之后，随着民选制和民族主义的兴起，国际道德逐渐消失，不再是限制国际政策的有效手段。世界舆论作为一种超越国界的公众舆论，在摩根索看来，它尚未对各国政府的外交政策起到过限制性的影响，因为世界舆论目前是不存在的，④"真实存在的舆论不可避免地是按照国家政治哲学、道德和愿望塑造的国家舆论"。⑤ 至于国际法，需要承认的是，在其诞生以来的几百年中，绝大多数情况下都得到了严格的遵守，但这并不因此说明国际法有效地约束和控制了国际舞台上的权力斗争。摩根索认为，国际法在立法、司法和执法上的分散性使其很难发挥有效约束国家行为的作用。国家主权的存在是限制包括国际法在内的各种手段发挥作用的最大的也是最根本的障碍。

总之，对于古典现实主义学者来说，由于国家权力欲望的普遍存在，所以即便用权力来制衡权力也只能暂时缓解国际冲突。国际道德、世界舆论和国际法只能非常有限地影响国家行为。

---

① [美]汉斯·摩根索：《国家间政治：权力斗争与和平》，徐昕、郝望、李保平译，北京大学出版社2006年版，第266、296、309页。
② 同上书，第267页。
③ 同上书，第279页。
④ 同上书，第297页。
⑤ 同上书，第306页。

三 实现和平的手段

限制权力的根本目的在于维护和平。在《国家间政治》一书中，摩根索用了超过 1/3 的篇幅考察了各种实现和平的手段，分别是以限制求和平、以转变求和平和以调解求和平。

以限制求和平，是国际社会迄今做出的最持久性努力。其中持续时间最久的是军备控制和裁军，其目的是通过限制或削减某些或全部军备来最终消灭权力斗争。但正如摩根索所说，"裁军努力的历史是一部失败多成功少的历史"。[1] 它之所以会失败不仅是因为裁军比例、分配标准等技术上的问题，更根本的原因是这种方法假定武器与战争直接相关，但实际情况却是，即使夺走了枪炮，人们还会用棍棒甚至赤手空拳进行搏斗，所以造成战争的因素并不在于武器本身，而在于人们的心理状态。[2]

基于这种反思，一种新的旨在解决国家不安全感的方法被提了出来，那就是集体安全。集体安全的实践在国际联盟的盟约和后来的《联合国宪章》中都有体现。集体安全的设想是，将所有参与机制的国家视为一个集体，每个国家受到的安全威胁等同于所有国家受到的威胁，所有国家均有责任共同应对该威胁。这样安全问题就不再是一个国家自己的事情，国家的不安全感因而能够得到缓解，国际和平也因此能够实现。尽管这一设想是好的，但在真正的国际实践中，它却既没有阻止 30 年代意大利对埃塞俄比亚的入侵，也没有阻止 80 年代以色列入侵黎巴嫩。集体安全的设想之所以会失败，原因就在于，"集体原则要求对所有的侵略采取集体措施，而不考虑权力和利益的环境"。[3]

---

[1] ［美］汉斯·摩根索：《国家间政治：权力斗争与和平》，徐昕、郝望、李保平译，北京大学出版社 2006 年版，第 429 页。
[2] 同上书，第 445 页。
[3] 同上书，第 461 页。

除了裁军和集体安全以外，以限制求和平的第三种方式是诉诸司法解决。但是正如前面提到的国际法的局限一样，通过国际法院的审判来解决有可能导致战争的国际争端依然很难实现，在司法实践中罕有成功的先例。原因在于，多数国际争端的实质是权力冲突，而凡是涉及国家间权力分配的问题，都很难通过司法途径解决。此外，还有一种从建立国际政府入手实现和平的方法，它假定"和平与秩序不是一种针对特定问题的具体方法的产物，而是将整合中的社会联合在共同的权威和共同的正义观之下的那种共同结合体的产物"，① 因此可以通过建立国际政府来建立起共同的权威和正义观，进而解决和平与秩序问题。这种努力既包括了拿破仑战争之后建立的神圣同盟，也包括后来的国联和联合国。但很显然这些努力最终也归于失败。

在摩根索看来，以限制求和平难以奏效的根本原因是国际关系的无政府状态。国内社会的和平与秩序依靠的是国家的存在，"国家在其领土范围内拥有最高权力，从而维持着和平与秩序"，② 因此要保证各国间的和平与秩序，就要改变这种无政府状态，建立包容地球上所有国家的世界国家。也就是以转变求和平。在建立世界国家之前，必须首先要建立世界共同体（World Community），而要促成这样一个共同体的出现和存续，又需要外交的调解技巧，也就是以调解求和平。通过恢复传统外交，达成国家间的和解，构建起世界共同体，进而建立世界国家，最终实现和平：这是摩根索规划出的一条从根本上解决国际和平问题的路径，只是这条道路会极为漫长和曲折。

---

① ［美］汉斯·摩根索：《国家间政治：权力斗争与和平》，徐昕、郝望、李保平译，北京大学出版社 2006 年版，第 486 页。
② 同上书，第 527 页。

摩根索的古典现实主义展示了一条以人性自私为逻辑起点的国家行为的解释路径。因为人有权力欲望，所以由人组成的国家也有着无限制的权力欲，因而总是追求以权力界定的国家利益；当国家无限制地增加自身的权力时，就会引发其他国家对其权力的制衡，如果制衡成功，则形成权力的均衡状态，如果制衡失败，则引发国家间的战争，战争之后又进入到一种新的权力均衡阶段。

基于实然而不是应然推理来解释国际政治，是古典现实主义较之理想主义更为严谨科学之处，但这一理论依然有两个重要缺陷。一是它只能解释国家的利己行为，无法解释国家的利他性行为。按照古典现实主义的说法，由于国家像人一样是有欲望的，所以，在无政府状态下，国家必然会采取自私逐利的行为。但是在现实的国际政治中，国家并非在任何时刻都表现出完全逐利的特点，而是有时也会做出利他行为，比如国际社会对遭受自然灾害的国家的无偿救助等。可见，从人性出发，只能解释国家行为的一个方面。二是循环论证问题。古典现实主义认为人性是恶的，因此推导出国家必将陷入无休止的冲突之中。但问题是，人性不容易进行科学的测量，人性究竟是善还是恶难以证伪。按照现实主义的思路，人性之所以是恶的，原因在于看到了国家恶的行为。用国家间的冲突证明人性的恶，继而又用人性恶来解释国家间的冲突，这样容易陷入原因和结果互证的逻辑错误。除了逻辑问题外，古典现实主义对一些重要概念的界定也不够清晰。比如均势一词，有时被看作一种客观的国际状态，有时又指国家的一种对外政策。权力一词有时指影响他人行为的能力，有时又是指作为权力基础的实力。概念界定的模糊性，在一定程度上降低了古典现实主义理论的严谨性。

思考题

1. 权力均衡是否是限制权力扩张的最有效的方式？为什么？
2. 如何理解国际法对国家行为的制约？

第六章
结构现实主义

理论与理论构建
国际政治系统的结构
均势与体系稳定
无政府状态下的合作与冲突

结构现实主义

受 20 世纪五六十年代兴起的行为主义的影响，国际关系学开始向更科学化的方向发展。这种"科学化"主要体现在两个方面：一是承认国际关系存在普遍的规律。如果说 20 世纪 30 年代到 50 年代的国际关系研究还深受历史学的影响，主要致力于对一时一地的国际关系现象进行研究，强调单个案例的独特性和不可复制性的话，那么科学行为主义革命之后，国际关系学界普遍认为国际关系现象就如其他社会现象一样，存在规律并且规律可以被人们发现。由于这种学科认知上的变化，国际关系学与历史学彻底分离，前者真正拥有了社会科学的学科属性，而后者则属于人文学科。

二是开始积极借鉴和迁移其他学科的知识，并实现理论的简约化。国际关系学者从经济学、社会学、社会心理学等社会科学学科中迁移了许多理论知识来帮助创新原有的国际关系理论，同时还积极借鉴自然科学的研究方法，使得国际关系研究开始变得可操作、可重复、可证伪。在这一过程中，国际关系学者对理论的认知也日益深刻：理论源于现实，但更高于现实，构建简约化的、抽象的理论逐渐成为国际关系理论家的共识。

在向科学化方向迈进的过程中，现实主义范式率先实现了高度科学化，标志就是 1979 年《国际政治理论》一书的出版。华尔兹在这本书中正式提出了继古典现实主义之后现实主义范式的另一种重要理论——结构现实主义。结构现实主义坚持科学取向，认为国际政治理论的任务就是去发现和解释国际关系领域中存在的普遍规律。为此，结构现实主义借鉴系统论知识，从国际体系的结构入手，试图用最少的变量来解释更为广泛的国家行为和国际结果。

第一节　理论与理论构建

与多数国际关系学者对理论的宽泛界定不同，华尔兹认为理论"不仅是规律的集合，还包含对规律的解释"[①]。所谓规律，指的是现象之间可以观察到的、反复出现的联系。规律有两类，一类是必然性的规律，又称为绝对规律，用一个表达式来表示就是"如果出现 A，则会出现 B"。这里 A 指的是一个或一组与 B 相关的因素。例如，天下雨地就湿。下雨和地湿之间存在一种恒定的关系。另一类是或然性的规律，又称为统计规律，用数学语言表述就是"如果出现 A，则 B 以一定的概率出现"。例如，民主和平论认为民主国家之间很少打仗。民主政体和不打仗之间就存在一定概率的相关关系。规律本质上体现的是现象之间的相关性，但这种相关性是否属于因果关系则需要进一步的证明。华尔兹认为，创建理论就是对因果规律的发现和创造性的解释过程。[②]

在华尔兹看来，"科学的发展，无论是物理学还是经济学，都是通过远离对世界的直接经验，然后对其加以高度抽象的描述而获得发展的"。[③] 因此，国际关系理论的构建也同样应该满足抽象化的要求，这就像牛顿力学、亚当·斯密的经济学理论一样。百分之

[①]　[美] 肯尼思·华尔兹：《国际政治理论》，信强译，上海人民出版社 2008 年版，第 6 页。
[②]　同上书，第 10 页。
[③]　同上书，第Ⅷ页。

百描述还原现实的理论不是好的理论，甚至难以称得上是理论，因为理论与现实越贴近，具备相同要件的案例就越少，理论的解释力也就越有限。相反，只有那些揭示了最重要的因素和比较多的现象之间关系的理论才可称得上是科学的理论。理论越简约，适用性才有可能越强，解释力才可能越大。

那么，理论又是如何形成的？如何将表面上毫无关联的一组概念有组织地联系起来，并成功揭示彼此间存在的因果关系，进而解释尽可能多的现象？华尔兹认为，在理论构建过程中，归纳和演绎这两种方法都是不可或缺的，但"如果没有富有创意的想法萌生，仍然无济于事"，① 除非"在某一时刻智慧的灵光闪现，一个富有创造性的观点在脑海中浮现"。② 这就像阿基米德在洗澡时突然想出浮力计算公式一样，是一种偶发的灵感。从这个意义上说，理论是被创造而不是被发现的。③

在具体的理论创建中，有两种不同的研究方法。一类是还原方法（reductionist approach），另一类是系统方法（systemic approach）。所谓还原方法，就是通过研究各组成部分来理解整体。④ 比如，为解释某一国家的行为，从决策者的心理、国家的政治体制等角度进行的研究就属于还原方法。相对地，系统方法是从超越单元层次的系统层次对结果进行研究。比如，为解释某一国家的行为，不再考虑决策者的心理或自身特点，而是从国家所处的国际体系的特征角度加以解释，就属于系统方法。

华尔兹认为，构建国际政治理论应当使用系统方法而不是还原方法，原因在于：一方面，单元性质以及互动模式的变化与单元行

---

① ［美］肯尼思·华尔兹：《国际政治理论》，信强译，上海人民出版社2008年版，第12页。
② 同上书，第10页。
③ 同上。
④ 同上书，第20页。

为的结果之间没有直接的联系。① "他是个招惹是非之人"与"他招惹是非了"之间不是一一对应的关系，前者不必然推出后者。另一方面，更为重要的是，尽管行为体的属性和互动方式千差万别，但是国际结果的相似性和重复性却始终存在。比如，霍布斯所经历的战乱频仍的时代与修昔底德时代所呈现出的特点具有惊人的相似性。② 如果国际结果的变化直接与行为体的变化相连，那么如何解释在行为体属性发生显著变化的情况下相似的国际结果却一再重现呢？换言之，仅仅根据各国的内部构成和自身属性难以准确理解国际政治的结果，而必须从系统层次寻找原因。只有系统理论才能解释为什么单元层次的变化所导致的后果的变化比人们所预期的在没有系统约束的情况下出现的后果的变化要少。③

第二节 国际政治系统的结构

系统中包含结构和互动的单元两个要素。④ 其中，结构是系统层次的要素，其本质是一系列约束条件。结构就像选择器一样，通过奖励和惩罚某些行为来对行为进行筛选，从而使行为体的行为逐渐趋同，行为模式不断重现，最终将结果限定在一个狭小的范围内。

一 结构的作用机制

结构发挥作用的机制有两个。一个是社会化。社会化是指这样一种进程：社会以自发的、非正式的方式建立起行为规范，并对符

---

① ［美］肯尼思·华尔兹：《国际政治理论》，信强译，上海人民出版社2008年版，第70页。
② 同上书，第69页。
③ 同上书，第73页。
④ 同上书，第42页。

合规范的行为给予鼓励，对偏离规范的行为予以惩罚，甚至迫使违背规范的行为体出局，以这种方式塑造和维持社会内部的同质性。社会化减少了差异，使"社会成员间的实际差异要大于它们在行为上表现出来的差异"。[①] 比如，男性大都留短发，女性大都留长发，这种趋同的行为就是社会化进程中个体行为被限制和塑造的结果。

如果说社会化是一种使团体内部成员行为趋同的机制的话，那么另一个机制——竞争则会带来不同团体的行为趋同。在恶劣的自然环境下，只有那些能够更好地适应环境的动物才可能存活下来，那些有助于动物生存下来的生理特征也就被成功地遗传下去。而不具备这些特征的物种只能走向灭绝。人类社会的竞争性领域同样存在优胜劣汰。正如被遗传的生理特征一样，凡是成功存活下来的社会个体，大都具有相似的行为特征。比如，在国际政治领域，存活下来的国家大都有一个共同的特征，就是关注自身安全并努力发展自己的军备。而那些枉顾安全威胁或者将自身安全交由其他国家保护的国家大多难以逃脱灭亡的命运。为了存活下来，社会性个体只能竞相模仿胜者，调整自身的行为。竞争导致模仿，模仿导致行为体行为的趋同。

二 界定国际政治结构

结构通过社会化和竞争减少了行为和结果的多样性。那么，什么构成了结构呢？或者说，如何界定结构？按照华尔兹的说法，结构必须根据系统各个组成部分的排序及其排序原则来界定。[②] 具体来说，国际政治系统的结构由单元的排序原则、单元功能和单元能

---

① ［美］肯尼思·华尔兹:《国际政治理论》，信强译，上海人民出版社2008年版，第80页。
② 同上书，第86页。

力的分配三个维度来界定。

华尔兹对国际政治系统结构的这种界定原则来源于他对国内政治系统的类比。在排序原则上，国内政治系统是等级制的。国内各政治单元之间存在明确的上下级隶属关系。而国际系统处于无政府状态，各单元的关系是平等的，彼此之间并无法律意义上的从属关系，国际系统因而是分权的、无政府的。[①] 无政府状态是区分国际政治和国内政治的根本因素，并从根本上决定了国际政治的状态及其变化。

在单元功能上，与国内政治由各异的、具有特定功能的单元构成不同，国际政治是由同类的、重复彼此行为的单元构成的。[②] 国内政治中，各个组成部分有明确的分工，不同机构执行着法律规定的不同职能，立法机关负责立法，司法机关负责司法、行政机关负责行政。而作为国际政治系统中最主要行为体的国家，在无政府状态下，受竞争和社会化的影响，其功能高度相似，都是对外保证国家安全，对内保证国民的福祉。从这个意义上说，国家是"同类的单元"。无政府状态是国家功能相似的根本原因。只要无政府状态依然存在，国家的功能就不会真正实现分异（differentiation）。

在单元能力分配上，国际政治系统中的单元能力分配是指各个国家根据能力大小在系统中所占据的位置，所以能力分配更直观地体现为系统中大国的数量。由于在国际政治系统中，排序原则（无政府）和单元功能（所有国家的功能相似）这两个维度均为常量，因此真正决定和区分国际系统结构的因素只有一个，就是单元能力分配（即大国的数量）。如果一个系统仅有两个实力超群的国

---

① ［美］肯尼思·华尔兹：《国际政治理论》，信强译，上海人民出版社2008年版，第94页。
② 同上书，第103页。

家，则系统为两极结构。如果存在三个或三个以上的超级大国，则为多极结构。

第三节　均势与体系稳定

结构现实主义认为，无政府状态是国际政治结构的首要的和长期存在的特征，正是这一特征导致了千百年来国际政治生活具有显著的相似性。[①] 这种相似性，就是均势状态的反复出现。如前所述，华尔兹自己对理论的定义是"对规律的解释"，而他又认为均势反复出现是国际政治最显著的规律，所以国际政治理论的任务就应当是解释均势为什么会反复出现。华尔兹说："如果说有关于国际政治的独特的政治理论，那么非均势理论莫属。"[②]

一　无政府状态促使均势反复恢复

华尔兹的均势理论认为，无政府状态与均势反复出现这个国际政治结果之间存在因果关系。在没有更高权威确保国家安全的情况下，国家只能依靠自己来保护本国的生存，国际政治系统因而是一个自助系统。身处其中的国家要么通过内部手段，比如发展自身军事实力，要么通过外部手段，比如建立和扩大同盟，来实现这种安全上的自助。当所有国家都采取这种自助手段来维护自身安全时，最终的结果必然是所有国家或者所有国家集团的实力大致相当。

华尔兹特别强调，无政府状态导致均势反复出现这个理论命题的成立，并不依赖国家是理性行为体这个假定。均势的出现既有可能是国家理性决策有意促成的结果，也可能是国家实际战略意图的

---

① ［美］肯尼思·华尔兹：《国际政治理论》，信强译，上海人民出版社2008年版，第69页。
② 同上书，第124页。

副结果甚至反结果，也可能是国家错误决策或者无意识的结果。比如，面对体系中一个迅速崛起的国家，其他国家为了防止该国获得霸权地位从而威胁其他体系成员的安全，有意识地积极发展本国军力（内部制衡）或者组建联盟（外部制衡），让己方的实力追上那个崛起国的实力，这就是一种理性决策导致体系实力分配重归均衡的情况。在这种情况下，均势的产生是体系中大多数国家有意促成的结果。

还有一种可能，就是体系中的若干主要国家都想成为体系霸主，因而都大搞对外扩张，所有国家的目标都不是为了实现均势，恰恰相反，它们的主观意图都是想让自己的实力远超其他国家。但这样做的最终客观结果，却仍然是彼此实力大致相当。这种情况下出现的均势状态显然是各国实际战略意图的反结果。

当然还存在另一种可能，那就是体系中存在一些不理性的国家，这些国家不关心自身的生存，或者采取的维护自身安全的手段不恰当。无政府体系无法保证不出现这样的"奇葩"国家或者"愚蠢"国家，但它能够保证，凡是出现这样的国家，最终一定会被系统的选择机制淘汰出局（最常见的情形就是被其他国家吞并或成为其他国家的附庸），最终体系中剩下的就都是关注自身安全且措施得当的国家。由这些国家组成的系统又会重新进入上述第一种机制，并导致均势的恢复。

正是基于上述逻辑，华尔兹认为，均势的反复恢复与国家的属性特征、主观意图和是否理性都无关；只要无政府状态这个体系的根本特征不变，导致均势恢复的上述三种机制就永远存在，因此均势可能被打破，但总会恢复。

需要注意的是，正是由于国际政治结果的形成（均势状态反复出现）与国家主观意图无关，因此华尔兹认为，国际政治理论不同于对外政策理论：后者解释的是国家为什么会制定某项政策，前者解释的是为什么会出现某种国际政治结果，而国家制定某项政策与出现某种国际政治结果之间没有必然联系。

二 两极体系最为稳定

受单元实力分配的影响，不同类型的无政府结构的稳定性存在差异。华尔兹认为，在所有类型的国际系统中，两极均势或者说两极系统最为稳定。① 这里的稳定包含有两层含义：一是该系统处于无政府状态，二是构成系统的主要单元的数量没有发生重大变化。②

在两极系统中，权力的失衡只能通过大国自身内部的努力来得到纠正。在多极系统中，结盟则是调整权力失衡的最重要手段。③ 正是多极系统中联盟政治的存在带来了该系统的不稳定。

在多极系统中，联盟有着很强的灵活性。这种灵活性不仅表现在某国所追求的盟友也许更青睐其他的追求者，还表现在一国当前的盟友有可能背叛该国。联盟的灵活性带来两大问题。一是联盟的复杂性与不确定性问题。谁将威胁谁，谁将反对谁，谁将从其他国家行为获益或受损，这些问题所包含的不确定性，随着国家数量的增加而加剧。二是联盟的战略僵化问题。由于多极体系下盟国的实力彼此相近，某一国的变节将显著威胁原同盟中其他成员的安全，因此联盟的管理较之不对称同盟的管理更加困难，同盟成员的决策自由也受到限制。当某一盟友决定采取冒险性政策与敌对国家开战，联盟内部不仅没有任何一个国家能对此加以控制，而且考虑到彼此竞争的联盟集团实力相当，盟友的失败将导致同盟阵营中其他成员自身安全受到威胁，因此其盟国只能选择随之而动，从而陷入一种恶性循环。这就像第一次世界大战中法国采取行动，俄国随之

---

① ［美］肯尼思·华尔兹：《国际政治理论》，信强译，上海人民出版社2008年版，第174页。
② 同上。
③ 同上书，第175页。

跟进，奥匈帝国采取行动，德国继而跟进一样。总之，在多极系统中，强国如此之多，以至于任何一国都无法清晰而固定地区分盟友和对手，而强国的数量又不够多，以至于任何一国的变节所造成的影响都不可能是无足轻重的。于是，某些或是所有大国的误判便成为多极系统不稳定的源泉。

与多极系统不同，在两极系统中，两个超级大国主要依靠自身实力而不是依靠盟国的实力来维持权力的均衡。由于两极世界中大国的数量减少了，因此不确定性也减少了，超级大国对彼此实力对比和战略意图的误判的可能性也随之减少。同时，两极体系下的同盟大都是以两个超级大国其中之一为核心成员的非对称同盟，在这种同盟中，除超级大国外其他任何成员的退出对本同盟实力的影响都微乎其微，因此两个超级大国受同盟成员牵连的可能性也远小于多极体系下。[①] 此外，在两极体系下，大国数量显著减少而规模显著增大，这也极大地增加了其他国家加入大国的行列的难度。这些因素共同导致了两极系统的稳定与持久。

当然，在两极体系中，也存在两极中一方或双方过度反应的危险。不过，华尔兹认为，两极体系里大国关系的简单性以及由此产生的强大压力，会使两大强国更趋保守。[②] 像其他领域中的双寡头一样，两极将逐渐学会如何彼此应对。[③] 随着时间的推移，两国在许多重要的方面也会变得彼此相似。这就像美苏的互动一样。两国在20世纪四五十年表现出的紧张关系曾令世界担忧最终这种冲突将升级为战争，但到了六七十年代，国际社会居然又开始担心美苏会牺牲小国利益以达成彼此双赢的协议。在这一过程中，美苏两国的对外行为也变得越发相似，意识形态的考虑逐渐让位于利益的考虑。导

[①] [美] 肯尼思·华尔兹：《国际政治理论》，信强译，上海人民出版社2008年版，第180页。
[②] 同上书，第187页。
[③] 同上。

致这种结果的原因是,"在两个国家彼此的敌意远远超过其他国家的世界里,鼓励双方经过深思熟虑之后再做出反应,这一点表现得十分明显,同时对不负责任的行为予以的惩罚也最为严厉"。①

第四节 无政府状态下的合作与冲突

如果说促使均势恢复算是无政府状态的正面作用,那么限制国家间合作、诱发安全困境则是无政府状态最突出的负面作用。

一 无政府状态阻碍合作

国际政治结构通过两种方式限制国家间的合作。首先,在无政府状态下,由于国家的安全只能依靠自身来保护,因此国家更加关注相对收益而非绝对收益。当面对能够通过合作而共同获益的机会时,国家最首要的关切是合作所得收益如何分配。它们最关心的不是"合作能让双方都获益吗"或者"我合作的收益是否比我不合作的收益更多",而是"合作后我和对方谁的收益更多"。因为彼此都担心对方会利用相对更多的收益在未来可能的安全竞争中占据优势,从而实施意图伤害或毁灭他国的政策。只要有任意一方有这样的担忧,那么即便双方都能从合作中获得丰厚的绝对收益,合作也很难实现。也就是说,无政府状态下安全的稀缺性,导致了国家对他国未来意图和行动的不信任,这种不信任迫使各国必须关注相对收益,从而阻碍了国际合作的实现。②

其次,无政府状态下国家担心因合作而依附他国。一个国家专业化程度越高,就会越依赖他国所提供的它自身无法生产的产品。

---

① [美]肯尼思·华尔兹:《国际政治理论》,信强译,上海人民出版社2008年版,第185页。
② 同上书,第111页。

随着国际分工的进一步细化,世界的整体福利无疑将得到增长。这种劳动分工和相互依赖在国内是被鼓励的行为,并且是衡量国内社会发展水平的重要指标。但在缺乏中央政府的国际社会,一国对他国的紧密依赖意味着该国将承担由高度不对称依赖所导致的脆弱性的风险。这种风险的表现就是他国可以利用这种不对称依赖对该国进行控制,该国因此就有可能丧失行动的独立性,显然这种风险是任何国家都不愿承受的。对安全的考虑迫使国家不得不谨慎对待国际分工,这进一步抑制了国际合作。

二 无政府状态诱发安全困境

安全困境(security dilemma)概念最早由约翰·赫兹(John H. Herz)于1950年提出,它指的是这样一种情境:对别国意图无法确定的国家为了安全而武装自己;由于国家增强自身安全的手段同样有可能对别国构成威胁,因此导致别国也开始加强武装,由此导致一个恶性循环。① 安全困境的结果是国家之间军备竞赛不断升级,所有国家都因为增强了军备而感到更不安全。安全困境刻画了这样一种两难:不升级军备会因别国的实力优势而不安,升级军备则会因竞争的加剧而同样伤害自身安全。

对安全困境产生的原因,华尔兹与赫兹的观点是一致的:国家的不安全感导致了安全困境,而国家的不安全感则源于国际政治的无政府状态。"无论拥有什么样的武器装备,也无论系统中有什么样的国家,国家都不得不与安全困境并存,因为造成安全困境的不是各国的意愿,而是取决于国家所处的环境。"② 因此,只要存在

---

① [美]肯尼思·华尔兹:《国际政治理论》,信强译,上海人民出版社2008年版,第200页。
② 同上。

无政府状态,"安全困境"就会自然产生。①

通过对现实的高度抽象和公理化的逻辑演绎,结构现实主义将国际政治理论的科学化水平提高到了一个前所未有的高度。尽管如此,该理论仍然存在不小的缺陷。

一是结构理论是一个静态的理论,无法解释国际政治的变化或者过程。结构现实主义理论的解释变量是无政府状态和具体的国际结构类型(两极或多极),但显然,无政府状态是常量,而具体国际结构类型的变化又非常缓慢,通常以几十年甚至上百年为单位。解释变量的静态性决定了,结构现实主义或许能够在相当程度上解释国际政治不变的一面或者某种反复出现的结果,但却难以解释某特定时间段内国际政治的变化。在美苏冷战这段两极体系时期,美苏两国的对抗程度并没有保持在某一个水平,而是时而紧张时而缓和。结构现实主义难以解释两极结构保持不变情况下美苏关系为什么会不断发生变化。

二是未能清楚揭示物质和观念两种因素在塑造国际政治结果的过程中分别所起的作用。在华尔兹看来,国际结构是纯物质性的,国家实力分配的变化就是系统结构的变化。但问题是,如果结构是物质性的,又如何解释他所说的结构通过社会化进程发挥作用呢?个体在进入某一团体之后,为避免被该团体排斥,其行为会逐渐与他者趋同,与该团体所鼓励的行为方式相吻合。这种行为趋同,更多的是观念或者说社会属性的结构发挥作用的结果,而很难说纯粹是由于物质性的结构所导致的。对华尔兹物质主义的质疑也构成了90年代以后建构主义和反思主义对结构现实主义最核心的批判。

三是过度关注冲突,而对合作关注不够。现实主义范式的一个

---

① John H. Herz, "Idealist Internationalism and the Security Dilemma," *World Politics*, Vol. 2, No. 2, 1950, pp. 157–180.

基本观点是冲突是国际体系的常态。结构现实主义进一步强调了无政府状态下合作的困难性,指出由于对相对收益的关注和对不对称依赖的担忧,国家不愿轻易与他国合作。但现实情况是,自20世纪60年代以来,国际合作趋势日益明显和普遍,特别是欧洲一体化进程加速发展,这些都与结构现实主义的理论预期相违背。无政府状态下国际合作的可能性问题,构成了后来新现实主义和新自由主义辩论的焦点议题。

思考题

1. 为什么均势状态会反复恢复?
2. 影响安全困境强度的可能因素有哪些?
3. 为什么无政府状态下国家难以合作?

第七章
新古典现实主义

新古典现实主义的理论思路

新古典现实主义的代表成果

新古典现实主义

新古典现实主义作为现实主义理论的一个重要分支，产生于20世纪90年代，其核心思想是将古典现实主义所强调的国内政治因素和新现实主义所强调的国际体系结构相结合，以期更准确地理解国家的具体对外行为。新古典现实主义是现实主义范式的最新发展，探索了一种跨层次的对外政策研究路径，拓展了现实主义的解释范围。

第一节 新古典现实主义的理论思路

一、新古典现实主义的兴起背景

任何理论都有要解释的对象和用于解释对象的原因，如果我们将前者称为因变量，后者称为自变量，那么新古典现实主义的兴起，就是国际关系学界对国际关系理论的因变量和自变量的认识不断拓展的结果。

因变量方面，国际关系理论究竟应当只解释体系层次的国际政治现象，还是应当同时也包括对国家具体外交政策的解释和预测，学界对此一直存在争论。肯尼思·华尔兹坚持认为，理论只能解释一个学科领域中那些少数反复出现的重大现象，外交政策由于存在非常具体的现实关切，需要解决或应对具体的外交问题，而具体外交问题总是千差万别而又变动不安的，因此很难从这些外交政策决策问题中抽象提炼出一套共同的解释对象。再加之影响外交决策的因素纷繁复杂，因此不存在严格意义上的外交政策理论，学者们所能做的只是针对具体外交政策问题，做出具体的因果分析。然而，另外一些学者则认为，外交政策的实质是国家在国际体系中的行为选择，而解释和预测国家行为应当是国际关系理论的应有之义，影响国家行为的因素固然繁多，这的确会增加理论构建的难度，但这并不能成为否定构建外交政策理论的必要性和可行性。

自变量方面，自华尔兹在《人、国家与战争》（Man, the State, and War）一书中提出著名的"三个意象"以来，层次分析方法被广泛用于划分国际关系理论的自变量层次。在华尔兹的《国际政治理论》一书出版以前的很长时间内，国家（单元）层次理论占据着绝对主导地位。如前所述，摩根索的古典现实主义的理论起点就是人性对权力的追求。民主和平论、帝国主义论等理论，同样是从国家本身的政治属性出发解释国家的战争与和平行为。《国际政治理论》对这种单元层次的理论提出了深刻的批判，从系统论的角度提出了单元从属于系统结构这个核心论断，华尔兹在该书中完全排除了单元层次因素，构建起一个异常简约的结构现实主义理论。华尔兹的这项理论创新对此后国际关系的理论发展产生了深远影响，罗伯特·基欧汉的新自由制度主义和亚历山大·温特的社会建构主义，均试图只从体系层次寻找构建理论的核心自变量。

然而，随着理论研究的不断深入，越来越多的学者对这种只关注体系层次而忽视国家内部特征的理论路径提出了不满。在现实主义阵营内部，也开始有学者质疑国际结构对国家行为的影响力。一方面，国际结构的变化频率比较低，一个特定国际结构一旦形成，其维系时长往往在几十年甚至上百年以上，如果理论只包含国际结构这个单一因素，那么在这么长的时间里这个因素事实上是常量而非变量，但很显然，国家行为和国际结果在这么长时间段里不可能不发生变化，单纯从国际结构出发，很难满足人们更精确深入理解国际政治现象的要求。另一方面，我们的确可以看到，在相同的国际结构下，国家行为乃至国际结果并不总是相似，甚至在很多时候都存在很大差异，这种现实与理论的不一致也要求理论做出修正，以弥合这种不一致。

因变量方面，理论界关于构建专门的外交政策理论的诉求日益强烈，而自变量方面，单纯的体系层次因素越来越难以满足人们理解和解释国际政治现实的需要。为回应这两方面诉求，现实主义阵营中的一部分学者很自然地想到将体系层次和单元层次因素相综合，由此开辟出一条全新的用于解释国家对外政策的理论路径。由于古典现实主义关注单元层次，新现实主义关注体系层次，因此这个同时关注体系和单元层次的理论路径就很自然地被称为"新古典现实主义"。[1]

二 新古典现实主义的理论路径

新古典现实主义的基本思路可归结为以下三点：①解释的对象是具体的国家外交政策而不是宏观的国际政治现象；②认为国际体系结构从根本上约束和影响着国家的对外政策决策；③将国内层次因素纳入解释模型，将其作为体系因素与国家行为之间的中间变量。[2]

新古典现实主义认为，新现实主义所定义的国际结构，即国家间的实力分布状态，并不能自动地决定国家的对外政策，而必须依赖国家层次因素作为传导，这其中最核心的因素是决策者对国际结构变化的主观认知，毕竟所有政策都是由决策者制定的。显然，主

---

[1] 对新古典现实主义最早的系统评述，参见 Gideon Rose, "Neoclassical Realism and Theories of Foreign Policy," *World Politics*, Vol. 51, No. 1, 1998, pp. 144 – 177.

[2] 陈志瑞、刘丰：《国际体系、国内政治与外交政策理论——新古典现实主义的理论构建与经验拓展》，《世界经济与政治》2014 年第 3 期。

观认知有时会滞后于客观实力对比的变化，有时决策者所认为的实力对比变化方向甚至可能与实际的变化方向相反，这些都会导致国家外交政策偏离国际结构所限定的发展轨道。换言之，国际结构和体系压力通常只能塑造外交政策的大致轮廓，只会将一国外交政策选项缩小到一定的范围，而不能强制性地替代决策者做出明确而唯一的决策。

此外，即使决策者能够及时、准确地认知到其所处的国际体系结构及其变化，但权力精英并不能像理想状态下那样自由调整和改变本国的外交政策，因为政策制定的过程本身就是一国决策层各种政治力量相互博弈相互妥协的结果，而在许多情况下都不会完全以实现国家整体外部利益为目标。政治学的基本原理告诉我们，即使是在绝对专制的独裁政体下，独裁者的任何决策也不可能是完全随心所欲的，而仍然需考虑自己政权支持者和（潜在）反对者的反应。同时，即使决策者能够比较自主地、单纯依据体系结构变化制定和调整外交政策，但这些纸面上的政策决定要转化为实际的政策并产生效果，还存在一个政策动员和资源汲取的问题。就像真实物理世界摩擦力不可能为0、机械效率不可能100%一样，真实的国家政策实施，同样会遭遇各个环节的阻力，包括官僚机构利益集团的相互掣肘、社会力量的制衡、政策的副作用等，使得决策者并不能100%地汲取和调动本国的可用资源。

总之，新古典现实主义注意到了国际结构与国家行为之间存在着"国家"这个中间环节，这个中间环节并非如新现实主义所认为的那样可以被忽略，而是起到了重要的中介作用。新古典现实主义的最主要工作和最大学术贡献，就是将"国家"这个黑箱打开，试图揭示国内的什么因素以什么方式影响着国家的外交政策，而不仅仅是笼统地强调国内因素在起作用。

如图7-1所示，新古典现实主义主要尝试从三个环节揭示"国家"这个中介变量在连接体系结构和国家对外政策制定时所起

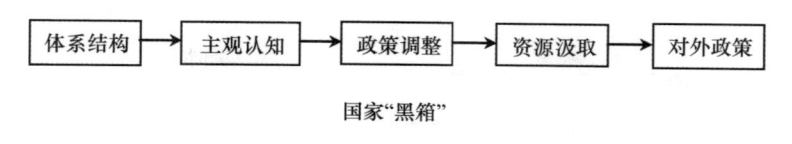

```
体系结构 → 主观认知 → 政策调整 → 资源汲取 → 对外政策
           └─────────国家"黑箱"─────────┘
```

图 7-1 新古典现实主义的中介变量

的作用。首先，新古典现实主义关注决策者对本国安全状态和利益目标的主观认知。古典现实主义、新现实主义（包括其分支进攻性现实主义和防御性现实主义）甚至部分自由主义理论，都预设了国家的利益偏好（比如古典现实主义预设国家追求权力，新现实主义预设国家追求安全），并假定各国决策者的偏好与本国国家利益偏好完全一致。新古典现实主义对这个超现实的强硬假定进行了纠正，指出决策者的偏好会随着国家实力对比和体系压力的变化而发生改变，而且决策者对外部环境变化的认知有时会滞后或偏离客观实际，同时决策者的偏好有时会与国家整体利益不完全重合。一部分新古典现实主义研究就旨在探究什么因素会影响决策者对本国安全状态和利益目标的评估和认知。

其次，新古典现实主义尝试揭示影响决策者政策调整的国内因素。如前所述，即使决策者能够及时准确地感知到外部环境的变化，并且其偏好的政策目标符合国家利益，他也无法完全自主地决定政策制定和政策调整。新古典现实主义研究的一项重要工作就是探究哪些因素和机制会影响（促使或阻碍）决策者根据国际结构变化做出相应的外交政策调整。

最后，新古典现实主义尝试揭示影响政府资源汲取能力的国内因素。即使决策者正确感知国际体系变化并顺利制定相应政策，但政策的执行仍然会受到许多国内因素的影响。这些因素有时会妨碍政府使其不能充分地汲取国内资源，从而影响政策的执行力度和实施效果。新古典现实主义的另一项重要工作就是探究哪些因素会影响政府的资源汲取能力。

三 新古典现实主义的特点

新古典现实主义在理论创建路径方面具有以下三方面的特点：一是分析折中主义取向。分析折中主义（Analytic Eclecticism）是21世纪以来逐渐在国际关系领域兴起的一种新的研究路径，它反对从某种宏观范式的既定框架出发，反对机械地套用某种既定范式去解释问题，而主张以具体经验困惑为导向，灵活、综合运用各种范式的有用原理、思路、概念，提出针对某类具体问题的解释。新古典现实主义虽然源于现实主义范式，其名称也冠以"主义"二字，并且它也承认新现实主义所强调的国际结构的根本性作用，但新古典现实主义的出现，其首要目的并不是论证现实主义范式的正确性和解释力，而是为了回答具体的经验问题。更为重要的是，许多新古典现实主义研究借鉴或运用了其他范式的解释因素或机制，这些因素和机制超出了现实主义范式的范畴。比如杰弗里·托利弗（Jeffrey W. Taliaferro）研究大国在边缘地区的干涉行为时，就运用了心理学的损失厌恶机制。[1] 科林·迪克（Colin Dueck）在研究美国大战略的演变轨迹时，综合运用了现实主义的权力因素和建构主义的文化因素。[2]

二是遵循科学实在主义。科学实在主义（scientific realism，又称科学实在论）是兴起于20世纪的一种科学哲学理论，它的一个主要观点是，一个好的科学理论不仅其结论和预测应符合客观现实，其前提假定也应符合客观事实；好的科学理论不仅应当提供因果关系，还应当提供原因与结果之间的传导作用机制，这种机制也应符合客观事实。在新古典现实主义兴起以前，包括现实主义在内的许多国际关系理论，最多只强调自己的理论结论与现实相符；其

---

[1] Jeffrey W. Taliaferro, *Balancing Risks: Great Power Intervention in the Periphery*, Ithaca: Cornell University Press, 2004.

[2] Colin Dueck, *Reluctant Crusaders: Power, Culture, and Change in American Grand Strategy*, Princeton: Princeton University Press, 2006.

理论前提大都源于或依据某种特定的政治哲学，理论家主要关心的是自己的理论前提是否符合某种政治哲学流派的精神，而不太关心它们是否符合经验现实。比如华尔兹就明确反对理论前提必须可检验。同时，这些理论往往只给出某种因果关系（比如两极导致稳定，民主导致和平），最多给出粗略的因果机制，并且不关心自己给出的因果机制能否真的在真实世界中被观察到。新古典现实主义在一定程度上突破了这些传统的理论观，在理论创建过程中着力探究和揭示具体的因果机制，在实证检验过程中大量运用一手权威史料，对案例进行详尽的过程追踪，以展示实际过程与理论提供的因果机制是否相符。

三是打通国际关系和比较政治的学科壁垒。20世纪70年代以前，国际关系理论研究的主流研究路径是"由内而外"，即主张通过研究国家内部某些属性和特点来理解国家行为和国际政治结果。华尔兹的《国际政治理论》对这种路径提出了深刻的批判，指出任何脱离国际政治系统的理论都难以对国家行为的结果做出准确解释。受新现实主义的影响，在其之后兴起的主流理论大都将解释重心放在体系层次。这种体系化的理论建构路径极大地凸显出国际关系学的独立学科地位，但也留下了国际关系研究和比较政治研究相互割裂的隐患。但事实上，国际关系学和比较政治学同属于跨越国境的"国际问题"研究，它们在帮助我们理解世界政治时既有分工，也应当有合作。新古典现实主义第一次明确提出将体系层次和单元层次因素整合进统一的解释框架，探索出一条运用比较政治学研究成果研究国际关系现象的可操作化路径。新古典现实主义的成功将促使国际关系学者更为积极和主动地借鉴比较政治学研究成果，推动两个学科的交流互动。

四　新古典现实主义评价

新古典现实主义的折中主义取向，决定了它（目前）并不是一个像古典现实主义或新现实主义那样的独立的理论，而只是一种研究路径（approach），一些学者遵循这一路径发展出了许多理论，但这些理论并不统属于某个独立的研究纲领（research program）。[①] 独立的理论必须要有统一的独立的核心解释变量，比如古典现实主义的追求权力的人性、新现实主义的国际结构、新自由制度主义的国际制度、建构主义的文化和认同，等等。但阅览新古典现实主义的著作我们会发现，它们并没有共用任何具体的解释变量或概念，它们之所以被划入新古典现实主义的阵营，只是因为它们都在不同程度上遵循了"结构＋单元"的研究路径。具体到它们所选择的解释变量和解释机制，涉及决策者对国际力量对比的主观认知、决策者的利益偏好、国内利益集团力量对比、行政部门自主性等国内政治的诸多侧面。因为新古典现实主义研究引入了太多原本不属于现实主义范式的变量，所以有学者提出了"还有谁是现实主义者"的质疑。[②]

此外，具体到新古典现实主义这个研究路径的最核心特征"结构＋单元"，新古典现实主义对自己所主张的这种跨层次综合分析的路径处理得其实并不完美。尽管新古典现实主义在思想认识上承认（或至少不反对）国际结构对国家对外政策的根本性作用，但在研究实践中，新古典现实主义学者很多时候却仅仅只是将国际结构作为国内因素发挥作用的背景或者常量，他们的绝大多数精力都放在了展示和论证哪个（些）国内因素在国家外交决策过程中发挥了关键作用以及如何发挥这种作用上，普遍忽略了对国际结构与他们所强调的国内因素如何发生关联的讨论，比如当国际环境发生变化时特定国内因素的作用是否会发生变化，在不同的国际结构

[①] 参见刘丰、左希迎《新古典现实主义：一个独立的研究纲领?》，《外交评论》2009 年第 4 期。

[②] Jeffrey W. Legro and Andrew Moravcsik, "Is Anybody Still a Realist?" *International Security*, Vol. 24, No. 2, 1999, pp. 5–55.

下相同的国内因素的作用是否一样等。这意味着，新古典现实主义尽管主张并声称自己采取的是跨层次分析路径，但事实上仍然在很大程度上是一种（国际关系的）国内政治理论，从这个角度看，它与20世纪70年代以前的那些遵循国内政治路径的单元层次理论相比，学术进步比较有限。

第二节　新古典现实主义的代表成果

自20世纪90年代至今，新古典现实主义涌现出一大批优秀的理论成果，本节简要介绍迄今最具代表性的四部专著，以此具体展示新古典现实主义的理论创建路径。

一　威廉·沃尔福斯的实力认知理论

华尔兹的新现实主义认为，相对实力从根本上决定了国家行为和国际政治结果。这个观点强调了无政府状态下国家的相对物质实力的基础性作用，具有相当程度的合理性，因此在现实主义阵营乃至整个国际关系理论界都产生了巨大的影响。但后来的现实主义学者并不满足于简单接受华尔兹的这个观点，越来越多的学者注意到，在物质实力对比没有发生明显变化的情况下，国家的对外行为依然会经常发生变化。这意味着，在相对物质实力与国家行为之间，一定还存在着某些没有被新现实主义所揭示的中间因素。威廉·沃尔福斯（William C. Wohlforth）的《难测的平衡：冷战时期的权力与认知》（*The Elusive Balance: Power and Perceptions during the Cold War*）一书对这个经典问题给出了一个新古典现实主义的回答：决定国家行为的不是相对物质实力本身，而是决策者对相对实力的认知。

沃尔福斯指出，相对实力的确影响着国际政治的进程，但前提是相对实力必须被那些代表国家做出决策的人感知到。但问题是，对决策者来说，对本国及其他国家的相对实力及其变化做出及时准确的判断，在任何时候都是一项极富挑战甚至几乎不可能完成的任务。这一方面是因为信息的不对称性：任何决策者总是相对更了解本国的实力现状，而更不了解其他国家特别是自己竞争对手的实力水平；另一方面则是因为反馈的模糊性：执行某项外交政策如果失败了，它既有可能是由于自身相对实力弱导致的，也有可能是由于许多其他因素导致的，执行某项政策成功了，同样如此。即使是战争这种被认为是对一国相对实力的终极检验，导致其结果的原因同样有很多种。因此，决策者对国家相对实力的主观认知与客观事实几乎不可能永远一致。决策者对相对实力的主观认知的多变，在很大程度上解释了国家对外行为的多变。[1]

二 柯庆生的国内动员模型

影响国家外交政策的除了决策者自己的主观认知外，还有国内精英和大众的政治参与。当决策者感知到外部国际环境的变化并有意做出针对性的政策调整时，他们还面临着国内的政治动员问题，即需要说服和动员国内精英和大众使其支持这种政策调整，以便更好地整合和汲取国内资源以实施政策。在这个过程中，决策者与国内政治力量（包括精英与大众）构成了一对矛盾，如果国内政治力量在对外政策调整上对决策者的阻力较小或者双方意见大致一致，那么（在不考虑其他干扰因素的情况下）国家的对外政策会比较符合结构现实主义的理论预期。而如果国内政治力量与决策者的意见分歧较大，对政策调整的阻力较大，那么存在两种可能的情况：一种是决策者无法进行有效政治动员，从而无法对国际环境变化做出及时有效反应，导致对国际威胁应对不足；另一种则是决策

---

[1] William C. Wohlforth, *The Elusive Balance: Power and Perceptions during the Cold War*, Ithaca: Cornell University Press, 1993.

者为了动员国内政治力量以应对外部威胁,故意夸大外部威胁程度甚至人为制造对手,从而导致反应过度。由于所处位置不同以及掌握外部信息的程度不同,决策者与国内政治力量在调整对外政策时意见分歧是常态,这也意味着国家对外政策偏离国际结构的预设轨道是常态。

柯庆生(Thomas J. Christenson)的《有用的对手:大战略、国内动员与中美冲突(1947—1958)》(*Useful Adversaries: Grand Strategy, Domestic Mobilization, and Sino-American Conflict, 1947 – 1958*)一书,遵循这一思路提出了国家对外政策的国内动员理论。这本书着重分析了1947—1950年的美国对华政策和1958年中国的台湾政策这两个与结构现实主义理论逻辑不符的案例。在1947—1950年,苏联是美国和中国的共同对手和敌人,中美两国不应采取彼此对抗的政策,特别是美国,与中国对抗将其推向苏联一方不符合其利益。但在更宏观层面,当时美国国内的和平主义和孤立主义思潮盛行,杜鲁门政府为应对正在形成的两极体系而推行的马歇尔计划等政策面临很大的国内阻力。为了克服这种阻力,更好地获取国内群体对其大战略的支持,杜鲁门政府不得不采取对抗性的对华政策。1958年的台海危机同样如此,此时中苏关系已经出现裂痕,但毛泽东为了推行"大跃进"政策以提升本国实力,有意通过制造一定程度的中美危机来抵制国内对其政策的反对声音。[①]

三 法利德·扎卡利亚的政府中心型现实主义

如本章第一节所述,影响国家外交政策的第三个国内政治环节是资源汲取。这一环节决定了国家的决策者能在多大程度上调动和汲取国内资源用于对外政策的实施。法利德·扎卡利亚(Fareed

---

[①] Thomas J. Christenson, *Useful Adversaries: Grand Strategy, Domestic Mobilization, and Sino-American Conflict, 1947 – 1958*, Princeton: Princeton University Press, 1996.

Zakaria)的《从财富到权力：美国世界地位不寻常的起源》(*From Wealth to Power: the Unusual Origins of America's World Role*)一书围绕这一环节，发展出了政府中心型现实主义这一全新的外交政策理论。扎卡利亚指出，真正做出外交政策决策的不是抽象的作为一个整体的国家（nation），而是代表国家的政府（state），真正决定政府外交政策决策的不是国家的总体实力，而是政府自己的实力（state power）。扎卡利亚由此认为，外交政策理论应当以政府为核心分析对象。就像国家在国际体系中需受到由国家间实力分布所定义的国际结构的约束，政府同样需受到国内政治结构的约束。国家在国际体系中的相对实力位置和政府在国内政治结构中的相对实力位置共同决定了国家的外交政策：前者决定决策者的外交政策目标，后者决定决策者有多大能力实施该目标。

扎卡利亚的研究从一个经验困惑入手：同样是国家实力迅速增长的崛起国，为什么19世纪下半叶之后的德国和日本都走上了积极扩张的道路，而美国却长期保持孤立主义传统，直到19世纪末才开始转而向海外扩张？扎卡利亚认为，导致这种外交政策差异的核心原因就在于这些国家这一时期的政府实力不同。美国政府是一个三权分立的联邦结构，国内政治系统各部门之间构成一种复杂的相互制约和平衡的权力制衡关系，在这种政治结构下，政府从国内社会汲取资源的能力比较有限，这限制了美国政府实施对外扩张的能力。而到了19世纪90年代，美国联邦政府的规模和实力显著增长，美国才开始走向对外扩张之路，不过与当时的欧洲国家相比，美国当时的政府实力依然相对薄弱。与美国不同的是，19世纪后期实现统一的德国和完成明治维新后的日本均具有帝国式的国家机器，强大的政府实力使两国积极扩张成为可能。[①]

[①] Fareed Zakaria, *From Wealth to Power: the Unusual Origins of America's World Role*, Princeton: Princeton University Press, 1998.

四 施维勒对制衡不足的新古典现实解释

结构现实主义认为，国际体系的均势状态会反复恢复，而导致均势状态恢复的一个重要原因是国家会对实力突出的潜在霸权国实施制衡（balancing）。但在现实的国际政治中，面对实力迅速增长的崛起国或潜在威胁，国家并不总是会采取及时的制衡行为。距离现在最近也最突出的一个反例是，苏联解体后美国成为唯一的超级大国，但在冷战后很长时间里，美国都没有遭到其他大国的积极制衡。类似这样的均势理论的反例历史上还有很多。由于均势理论在现实主义范式中的正统地位和广泛的影响力，因此这种制衡缺位现象吸引了众多学者的关注，催生出各种流派的解释。以解释国家对外行为为主要目的的新古典现实主义，在这个问题上当然也做出了自己的贡献，其中最具代表性的研究成果就是兰德尔·施维勒（Randall L. Schweller）的《没有应答的威胁：均势的政治制约》（*Unanswered Threats: Political Constraints on the Balance of Power*）一书。

与其他新古典现实主义研究一样，施维勒在书中强调，影响国家制衡行为的不仅仅是国际结构或者外部威胁的变化，而还要受到国内制衡意愿和制衡能力的制约。概括而言，国家的制衡行为会受到四个国内因素的影响，分别是精英共识、精英凝聚力、社会凝聚力和政府/政权脆弱性。前两个变量决定了国家实施制衡的意愿，后两个变量决定了国家实施制衡的能力。这四个变量综合起来共同构成了国家的一致性（state coherence）。施维勒认为，在结构压力或外部威胁一定的情况下，国家一致性程度越高，即精英共识度越高、精英和社会凝聚力越强、政府/政权越稳固，越可能采取制衡行为，反之则越可能出现制衡不足（underbalancing）的现象。[1]

---

[1] Randall L. Schweller, *Unanswered Threats: Political Constraints on the Balance of Power*, Princeton: Princeton University Press, 2006.

思考题

1. 如何判断一项研究是否属于新古典现实主义？
2. 有哪些可能的国内因素和环节会影响国家的对外行为？

第八章
自由主义范式与思想渊源

自由主义范式与思想渊源

作为国际关系理论的第二大范式，自由主义强调个人的自由、理性和进步。这种思想可以追溯到古希腊古罗马时期。亚里士多德认为，城邦最高的目的就是使人类过一种优良的、有道德的生活。斯多葛学派最早提出了自然法思想，认为自然法是宇宙的最高普遍法则，是宇宙秩序的守护者。人类幸福依赖于遵循自然法，遵循自然法就是服从理性。斯多葛学派还最早阐释了平等思想，认为共有理性是人人平等的基础，人们在道德和人格上都是平等的。西塞罗则更直接地宣称，"国家是人民（populus）的事业"，[①] 并继承发展了自然法思想和自然平等思想。"自然是最高的善"，"依照自然而生活，一切都会尽善尽美"，自然状态是一种理性的、和谐的状态，这就是自然法。

虽然古希腊古罗马时期已经有了自由主义的思想和理念，但是随之而来的中世纪中断了这种自由主义的传统。受中世纪世俗与教会权力争斗的影响，关于教权和王权关系的讨论几乎成了中世纪政治思想讨论的唯一议题。直到17世纪启蒙运动的兴起，自由主义思想才重新发展起来。这种自由主义的政治哲学传统为后来国际关系的自由主

---

① ［古罗马］西塞罗：《论共和国》，王焕生译，中国政法大学出版社1997年版，第39页。

义范式提供了重要的思想土壤。近代自由主义思想的代表性的人物有洛克、亚当·斯密、边沁、康德等。

一 洛克

与第四章介绍的霍布斯政治思想类似，洛克的政治思想也以自然状态为起点。但洛克与霍布斯对自然状态的理解完全不同。在霍布斯看来，自然状态是一种"每个人反对每个人的战争状态"，自然状态与战争状态是同义词，因此与自然状态在结构上类似的无政府状态必然是一种战争状态。而洛克则认为，自然状态是"一种完备无缺的自由状态"①：人们在自然法的范围内，按照他们认为合适的办法，决定他们的行动和处理他们的财产和人身；同时，自然状态也是"平等的状态"："极为明显，同种和同等的人们既毫无差别地生来就享有自然的一切同样的有利条件，能够运用相同的身心能力，就应该人人平等，不存在从属或受制关系"。②

尽管自然状态是自由的状态，它"却不是放任的状态"。"自然状态有一种为人人所应遵守的自然法对它起着支配作用；而理性，也就是自然法，教导着有意遵从理性的全人类：人们既然都是平等和独立的，任何人就不得侵害他人的生命、健康、自由或财产。"③ 也就是说，由于存在着自然法，自然状态呈现出有序和谐的状态。因此，不能将自然状态等同于战争状态。"尽管有些人（指霍布斯）把它们混为一谈，它们之间的区别，正像和平、善意、互助和安全的状态与敌对、恶意、暴力和互相残杀的状态之间的区别那样迥不相同。"④ 自然状态是指"不存在具有权力的共同

---

① ［英］洛克：《政府论》下篇，叶启芳、瞿菊农译，商务印书馆1964年版，第3页。
② 同上。
③ 同上书，第4页。
④ 同上书，第12页。

裁判者的情况",战争状态则是指不正当地、不公正地、未经许地可使用武力的情况,"不基于权利以强力加诸别人,不论有无共同裁判者,都造成一种战争状态"。① 由此可见,洛克描述的自然状态是一种在自然法约束下的自由、平等、有序、和谐的状态,这与霍布斯所描述的混乱无序的战争状态截然不同。

当然,洛克也承认,自然状态下人们享有的权利是"不稳定的,有不断受侵犯的威胁",因为"既然人们都像他一样有王者的气派,人人同他都是平等,而大部分人又并不严格遵守公道和正义,他在这种状态中对财产的享有就很不安全、很不稳妥"。② 于是,为了保护自身财产,个人会放弃自然状态下孤立的自由,结成政治社会并置于政府之下,并通过社会契约的形式,将自然状态下的权利转移到"社会共同体之手"。③

受洛克"自然状态"思想的影响,国际关系的自由主义学者倾向于认为,无政府状态并不必然是现实主义学者所说的战争状态,其中虽然缺乏共同的权威,但仍有可能达成有序的状态。同时,无政府状态下的合作也是可能的,国家理性的存在不仅可以克服冲突,而且能够促进国家间的合作。在个体理性的引导下,自然状态下的个体能够结成政治社会,建立有限政府,这本身就是无政府状态下个体之间实现合作的直接体现。

二 亚当·斯密

亚当·斯密的经济自由主义思想为他赢得了"经济学家第一人"的称号。他的理论重在论述自由资本主义的合理性和优越性,认为在自由竞争环境下,市场通过发挥"看不见的手"的调节作

---

① [英]洛克:《政府论》下篇,叶启芳、瞿菊农译,商务印书馆1964年版,第13页。
② 同上书,第77页。
③ 同上书,第53页。

用，能够使个体利益与社会利益和谐一致。

斯密在他的两部最重要的著作《道德情操论》和《国富论》中都提到了"看不见的手"这一概念。在《道德情操论》中，斯密指出，富人仅仅为了满足自己的欲望而雇佣千百人来为自己劳动，但是在"看不见的手"的指引下，他们在追求自己私人目的的同时，却无意中实现了增进社会福利的目的。"富人只是从这大量的产品中选用了最贵重和最中意的东西。他们的消费量比穷人少；尽管他们的天性是自私的和贪婪的，虽然他们只图自己方便，虽然他们雇用千百人来为自己劳动的唯一目的是满足自己无聊而又贪得无厌的欲望，但是他们还是同穷人一样分享他们所作一切改良的成果。一只看不见的手引导他们对生活必需品做出几乎同土地在平均分配给全体居民的情况下所能做出的一样的分配，从而不知不觉地增进了社会利益，并为不断增多的人口提供生活资料。"[①]

在《国富论》中，在谈及对国内工业的支持时，斯密认为，个人仅是出于对自己安全和利益的考虑才支持国内工业，但结果却是在他的意图之外还促进了社会的利益。"由于宁愿投资支持国内产业而不支持国外产业，他只是盘算他自己的安全；由于他管理产业的方式目的在于使其生产物的价值能达到最大程度，他所盘算的也只是他自己的利益。在这场合，像在其他许多场合一样，他受着一只看不见的手的指导，去尽力达到一个并非他本意想要达到的目的。也并不因为事非出于本意，就对社会有害。他追求自己的利益，往往使他能比在真正出于本意的情况下更有效地促进社会的利益。"[②]

从上面的两处论述可以看到，斯密的核心思想是，在"看不见的手"的作用下，追求个人利益的行为会推动社会财富的增长

[①] ［英］亚当·斯密：《道德情操论》，谢宗林译，中央编译出版社 2008 年版，第 357 页。

[②] ［英］亚当·斯密：《国民财富的性质和原因》（下卷），郭大力等译，商务印书馆 2008 年版，第 27 页。

和利益的最大化，实现利己和利他的统一。为什么会出现这种"私恶即公利"的情况？原因在于，在个体的产权有可靠保障的情况下，在完全竞争市场中，经济行为主体的活动不可能简单地通过利己的方式就能够促进自己利益的实现，而要通过采用利他的手段才能实现。个体只有提供了高品质的产品，满足了对方的需求，交易才能成功，获利的目标才可以实现；否则就会在竞争中失利，无法获利。这样，利己的愿望使个体做出利他的行为，作为个体利益总和的社会利益因而得以实现。

斯密的这种行为体利益彼此和谐、个体利益与总体利益相一致的思想构成了政治自由主义的重要组成部分，并深刻地影响了第一次世界大战后的国际关系理想主义/自由主义学者，使他们相信，和谐而不是冲突是国家间关系的本质。

三 边沁

洛克之后，19世纪的自由主义学者普遍把功利作为阐释政治思想的基础。其中，边沁被认为是功利主义之父。他的功利主义与斯密的经济学理论一道，进一步夯实了自由主义国际关系理论有关社会进步以及个人利益与普遍利益相一致的观点。

边沁认为，通过知识的绝对增加，加之以用抽象原则对知识进行分类，并把知识运用到改革社会的实践中去，人的处境就必然会得到改善。[1] 功利原则是说人们做出某种行为是有原因的，这个原因就是人的动机，求得最大的快乐是人行为的最根本动机。[2] 边沁把实现最大的幸福作为人生的目标，同样也将其作为社会和政治的目标。在边沁看来，"个人在关注自我利益的同时，也在共同的功

---

[1] [美]列奥·施特劳斯、约瑟夫·克罗波西主编：《政治哲学史》第三版，李洪润等译，法律出版社2009年版，第712页。
[2] 吴春华主编：《西方政治思想史》第四卷，天津人民出版社2005年版，第26页。

利中或功利的总量中增加了一份"。因此，社会利益就是个人利益的总和。只要每个人都能够追求和实现个人的最大利益，那么整个社会也就实现了利益的最大化。这里，边沁同斯密一样，拒绝把功利和自私自利等同起来。边沁认为，人虽然都有自己的利益，都追求自己的快乐，但快乐并不纯粹都是利己的。比如，很多时候人们能够在他人的幸福中找到自己的幸福。就这一点来说，人们并不仅仅只是希望自己幸福，而是（至少在某些时候）也希望他人能够幸福。同时，边沁还指出，一个人快乐的程度依赖于全社会快乐的总量。感到快乐的人越多，个人所享受到的快乐也就越大。① 因此，从长远来看，个人利益与全社会的共同利益是一致的。

功利原则运用到政治上，最集中的思想就是政府的主要任务是实现"最大多数人的最大幸福"。代议制民主制是确保这一目标实现的良好的政治制度，它通过定期选举的方式来避免政府忽视人民利益和滥用职权。由于一年一度的定期选举缺乏可操作性，边沁还提出在民主宪政的框架下利用公共舆论来作为制衡政府的重要力量，以弥补难以经常性定期选举的不足。这一思想为后来自由主义学者提出为避免统治者因个人私利随意发动战争而应当建立民主制国家的观点提供了重要的理论源泉。

不仅如此，作为"国际法"（international law）一词的首创者，②边沁还就如何避免国家间战争这个国际关系问题给出了具体的政策建议。在《普遍永久和平计划》中，他主张通过解放殖民地、建立国际法庭、削减各国军备和废除秘密外交等手段实现永久和平。"拥有任何海外殖民地，都不符合英法的利益""通过建立

---

① 吴春华主编：《西方政治思想史》第四卷，天津人民出版社2005年版，第28页。

② 边沁在1789年出版的《道德与立法原理导论》一书的第17章中，首次提出了国际法的表述，用来指代原来万国法（law of nations）所指称的内容。参见［英］边沁《道德与立法原理导论》，时殷弘译，商务印书馆2000年版，第363页。

处理不同国家之间纠纷的共同法庭，促成普遍的永久和平实现""为了维持普遍的永久和平，应达成普遍的永久条约以控制军队的数量""外交部的秘密行动在英国是不能被容忍的，是完全无用的，同样也是与自由与和平相矛盾的。"① 这些主张与康德的思想一起在第一次世界大战后被当作维护世界和平方案的思想基础，并集中体现在美国总统威尔逊提出的"十四点原则"中。

四 康德

如果说前述的政治哲学家仅是从他们的政治学说中延伸出一些国际关系的思考的话，康德无疑是第一位明确将自由主义政治思想应用到国际关系领域并对国际关系最核心议题——和平与战争问题做出了系统研究和论述的学者。

康德的国际政治思想有着鲜明的乐观主义色彩。他认为，借助理性的力量，人类社会可以实现一种由消极到积极、由恶到善、由缺陷走向完善的演进过程。② 康德认为，"由于理性的客观存在，全体人类将逐步认识到国际争斗的恶果，并且努力消灭一切战争"。③ 这种乐观主义对国际关系自由主义乃至建构主义理论的影响非常深远。

康德的乐观主义国际政治观集中体现在1795年出版的《永久和平论》一书中，该书对实现世界永久和平提出了三条路径：一是每个国家的政体都应该是共和制。④ 因为共和制政体的国家不会轻易发动战争，"如果为了决定是否应该进行战争而需要由国家公民表示同意，那么最自然的事就莫过于他们必须对自己本身做出有

---

① 何俊毅：《论边沁的普遍永久和平计划》，《人大法律评论》2016年第1期。
② 胡欣：《康德国际政治观的精神解读——乐观主义、渐进变革和终极关怀》，《世界经济与政治》2010年第2期。
③ [挪] 托布约尔·克努成：《国际关系理论史导论》，余万里、何宗强译，天津人民出版社2005年版，第129—130页。
④ [德] 康德：《历史理性批判文集》，何兆武译，商务印书馆1996年版，第105页。

关战争的全部艰难困苦的决定,【其中有:自己得作战,得从自己的财富里面付出战费,得悲惨不堪地改善战争所遗留下来的荒芜;最后除了灾祸充斥而外还得自己担负起就连和平也有忧烦的、(由于新战争)不断临近而永远偿不清的国债重担】,他们必须非常深思熟虑地去开始一场如此之糟糕的游戏"。① 而对于非共和制的国家来说,"战争便是全世界最不假思索的事情了,因为领袖并不是国家的同胞而是国家的所有者,他的筵席、狩猎、离宫别馆、宫廷饮宴以及诸如此类是一点也不会由于战争而受到损失的。因此他就可以像是一项游宴那样由于微不足道的原因而做出战争的决定"。②

康德所界定的共和制国家是奉行自由、法治、平等的国家,在他看来,"唯有共和的体制才是完美地符合人类权利的唯一体制"。③ 共和制政体的实质是分权代议制民主制。"共和主义乃是行政权力(政府)与立法权力相分离的国家原则;专制主义则是国家独断地实行它为其自身所制定的法律的国家原则";④"凡不是代议制的一切政权形式本来就是无形式",⑤"唯有在代议制体系中共和制的政权方式才有可能符合权利概念,没有代议制体系则它就是专制的和暴力的"。⑥ 总之,康德所说的共和国家就是后来自由主义学者所说的自由民主国家。康德的这种共和思想为自由主义范式中的民主和平论提供了最直接的理论支撑。

二是组建以国际法为基础的国家联盟。在康德看来,组建这种联盟不同于建立一个多民族的国家,"而仅仅是要维护与保障一个国家自己本身的以及同时还有其他加盟国家的自由,却并不因此之故(就像人类在自然状态之中那样)需要他们屈服于公开的法律

---

① [德]康德:《历史理性批判文集》,何兆武译,商务印书馆1996年版,第107页。
② 同上。
③ 同上书,第124页。
④ 同上书,第108页。
⑤ 同上。
⑥ 同上书,第110页。

及其强制之下"。① 康德这里所说的国家联盟类似于今天联合国这样的国际组织,虽然由主权国家组成,但并不凌驾于主权国家之上。康德认为,当国家都普遍建成共和制国家的话,就可以此为基础建立国际联盟,最终实现永久和平。"一个强大而开明的民族可以建成一个共和国(它按照自己的本性是必定会倾向于永久和平的),那么这就为旁的国家提供一个联盟结合的中心点,使它们可以和它联合,而且遵照国际权利的观念来保障各个国家的自由状态,并通过更多的这种方式的结合渐渐地不断扩大。"②

康德国家联盟的思想在很大程度上影响了第一次世界大战后的理想主义。以威尔逊为代表的理想主义者们重视国际法、国际组织的作用,主张通过建立国际联盟的办法遏制战争的爆发。到 20 世纪 80 年代,这一思想又给基欧汉等自由制度主义学者提供了重要的思想启迪,他们在康德思想的基础上,发展出以国际制度为主要自变量的新自由制度主义,强调国际制度对国家间合作性行为的影响,从而形成了自由主义范式的又一理论。

三是开展国家间的商业贸易。康德认为,实现永久和平要以"普遍友好"为条件。③ 友好指的是"允许从外国来的人……寻求……与本地居民进行贸易的条件"。④ 在他看来,"与战争无法共处的商业精神",将把各个民族结合在一起。"它迟早会支配每一个民族。因为在从属于国家权力的一切势力(手段)之中,很可能金钱的势力才是最可靠的势力;于是各个国家就看到自己迫不得已去促进荣誉的和平,并且当世界受到战争爆发的威胁时要通过调

---

① [德] 康德:《历史理性批判文集》,何兆武译,商务印书馆 1996 年版,第 113 页。
② 同上。
③ 同上书,第 115 页。
④ 同上书,第 116 页。

解来防止战争，就仿佛它们是为此而处于永恒的同盟之中那样。"①这样，康德就在商业与和平之间建立起了因果联系。随着商业贸易的扩大，国家之间依赖的加深，自利的国家之间就会天然地形成抑制战争的同盟。这一主张显然与亚当·斯密的观点有相通之处，它们一同被自由主义学者所继承，继而发展出自由主义范式的另一个重要理论——商业自由主义。

可见，康德的和平思想对国际关系理论，特别是自由主义的发展影响巨大。用基欧汉的话说，"国际自由主义这三个变体都可以在康德的文章《论永久和平》中找到踪迹"。②

上述自由主义思想家有关人类在理性引导下可以不断进步、不同行为体的利益彼此和谐的哲学观使得后世那些受其影响的人们相信，战争是可以避免的，永久和平是可以实现的。根据自由主义的哲学思想，国家与国家的利益在本质上是和谐一致的，之所以发生战争是因为后天的制度不良导致的。于是，经历了第一次世界大战迫切希望实现和平的自由主义精英遵循这一思想，组建了国际联盟，并大力倡导自由贸易和在全球推广民主制度。但随后爆发的第二次世界大战对自由主义造成了沉重的打击，卡尔在《20年危机：1919—1939》一书中将其称为"乌托邦主义"。

早期自由主义国际政治思想之所以未能经受住现实的考验，一个重要原因是它混淆了"应该如何"和"实际是什么"，将美好的愿望等同于现实，因此这一时期的自由主义通常被称为"理想主义"。虽然理想主义在与现实主义的论战中很快就败下阵来，但自由主义的理念却并未被遗忘。随着20世纪六七十年代以来国家间

---

① [德]康德：《历史理性批判文集》，何兆武译，商务印书馆1996年版，第127页。
② 基欧汉曾经把自由主义国际关系理论分为共和自由主义、商业自由主义和调节自由主义。而他所说的调节自由主义就是新自由制度主义。参见[美]罗伯特·基欧汉《局部全球化世界中的自由主义、权力与治理》，门洪华译，北京大学出版社2004年版，第88页。

合作的加深，自由主义又重新获得了发展的土壤。新一代自由主义国际关系理论家们在借鉴和继承传统自由主义政治思想的基础上，结合国际政治的实际，对原有的激进的自由主义思想进行了改造，使得国际关系理论的自由主义范式在70年代以后成为与现实主义相匹敌的另一大理论范式，经过改造和更新后的自由主义被称为"新自由主义"（neoliberalism）。

新自由主义较之理想主义，在基本假定上的立场有所回撤，不再坚持不同行为体利益彼此和谐这一观点，而仅仅强调在理性的指引下，通过适当的途径和机制，人类能够克服无政府状态的负面影响，实现国家间的合作与和平。通过将自由主义哲学思想与现代社会科学研究规范相结合，逐渐发展形成了自由主义范式的三大理论：商业自由主义（commercial liberalism）、共和自由主义（republican liberalism）和新自由制度主义（neo-liberal institutionalism）。

思考题

1. 洛克与霍布斯对"自然状态"的理解有何异同？
2. 康德提出的实现永久和平的路径是什么？

第九章
商业自由主义

相互依赖的含义

经济相互依赖与和平

商业自由主义

商业自由主义是自由主义国际关系理论的重要分支之一,其基本观点是,国家间的经贸往来有助于抑制冲突,实现和平。关于贸易与和平关系的讨论,早在启蒙运动时期就已有之。按照孟德斯鸠的说法,自由主义认为"商业的自然影响是导致和平。两个存在贸易关系的国家彼此依赖,如果一个国家有购买的利益,另一国则有出售的利益;所有的联盟都基于相互需要"。① 康德则明确地表示,"商业精神与战争无法共处,并且它迟早会支配每一个民族"。② 这种贸易促进和平的乐观主义观点一直延续到第一次世界大战之前,其发展的高峰就是理想主义学者安吉尔1910年出版的《大幻觉》一书。他认为,随着现代化和相互依赖进程的深入,发动战争和使用武力将变得越来越不合时宜,战争将不再有利可图。③

但第一次世界大战的爆发,特别是这期间英德等主要贸易伙伴

---

① [美]罗伯特·基欧汉:《局部全球化世界中的自由主义、权力与治理》,门洪华译,北京大学出版社2004年版,第89页。
② [德]康德:《历史理性批判文集》,何兆武译,商务印书馆1996年版,第127页。
③ Norman Angell, *The Great Illusion: A Study of the Relation of Military Power in Nations to their Economic and Social Advantage*, London and New York: G. P. Putnam's Sons, 1910.

之间殊死搏斗的残酷事实，给贸易和平思想带来了较大的冲击。不过，第一次世界大战后国际秩序的主要维护者们还是接受了贸易促进和平的主张，这集中体现在威尔逊提出的"十四点原则"中。其中第三点就是："取消一切经济壁垒，建立贸易平等条件。"但随之而来的三十年代的经济大萧条使推进经济相互依存的愿望落空。面对经济危机，国家之间不仅没有积极合作，反而不惜损害他国的利益，设置贸易壁垒，重新退回到贸易保护时代。有关贸易和平的研究也就此中断。

直到20世纪70年代，有关贸易和平的思想再次迎来重新发展的机遇。这段时期，国家间经贸往来日益密切，突出表现就是西欧经济一体化的发展，并且国家间的经济联系也已经不再仅仅局限在贸易领域，还扩展到投资和金融领域。与此同时，美苏冷战也出现缓和。在这一背景下，关于贸易与和平关系的学术研究重新活跃起来，并自然地扩展到经济相互依赖与和平关系的研究。商业自由主义因而也被称为"相互依赖自由主义"（interdependence liberalism）。[1]

第一节　相互依赖的含义

对相互依赖做出系统论述的代表性理论著作是基欧汉和奈于1977年出版的《权力与相互依赖》。在该书中，基欧汉和奈将相互依赖（interdependence）界定为"以国家之间或不同国家的行为体之间相互影响为特征的情形"。[2] 这种相互影响实质是一种有代价的联系。"当交往产生需要有关各方付出代价的相互影响时，相互

---

[1] 罗伯特·杰克逊在《国际关系理论与方法》一书中，就将商业自由主义称为"相互依赖自由主义"。参见［加］罗伯特·杰克逊、［丹］乔格·索伦森《国际关系理论与方法》第四版，吴勇、宋德星译，中国人民大学出版社2012年版，第86页。

[2] ［美］罗伯特·基欧汉、约瑟夫·奈：《权力与相互依赖》，门洪华译，北京大学出版社2002年版，第9页。

依赖便出现了。如果交往并没有带来显著的需要各方都付出代价的结果，则它不过是相互联系而已。"① 例如，如果两个国家交往不多，只是有少量奢侈品的贸易，那么切断两国的交往，对双方来说都不会付出什么代价，这种情况下两国有相互联系，但不是相互依赖。相反，如果两国经常性交易的是生活必需品，切断交往必然会给彼此民众生活带来不便，双方为此都需要承担不小的代价，这时两国就处于相互依赖的关系。

相互依赖是一种互相的依赖（mutual dependence），但这并不意味着这种依赖必然是对等的。在许多情况下，相互依赖是一种"相互的但又不平等的依赖关系"，② 即所谓的"非对称相互依赖"。相互依赖的非对称性在国际关系中尤为明显，我们几乎找不到任何两国在某一领域中对彼此的依赖程度完全对等的情况。非对称相互依赖的重要性在于，它可以使一国获得对另一国家的权力资源。"在某种关系中，依赖性较小的行为体常常拥有较强的权力资源，该行为体有能力促动变化或以变化相威胁。一旦该关系发生变化，则相比而言，该行为体付出的代价小于他方。"③

一 相互依赖的类型

相互依赖既涉及收益，也涉及成本（代价）。从收益的角度，可将相互依赖划分为三种类型：共同获益的相互依赖、共同受损的相互依赖以及一方收益即为另一方所失的零和性相互依赖。在经济相互依赖关系中，两个国家因为经贸合作而同时获益的情况比较多见，这种情况就属于共同获益的相互依赖。在军事相互依

---

① ［美］罗伯特·基欧汉、约瑟夫·奈：《权力与相互依赖》，门洪华译，北京大学出版社2002年版，第10页。
② ［美］罗伯特·吉尔平：《国际关系政治经济学》，杨宇光等译，经济科学出版社1989年版，第24页。
③ ［美］罗伯特·基欧汉、约瑟夫·奈：《权力与相互依赖》，门洪华译，北京大学出版社2002年版，第12页。

赖关系中，共同受损的相互依赖更为常见。比如冷战期间美苏的军事相互依赖就表现为以牺牲本国经济发展为代价的军备竞赛。零和性相互依赖在领土争端中最为典型，一方获得领土，另一方即失去该领土。

二 敏感性与脆弱性

敏感性（sensitivity）和脆弱性（vulnerability）是衡量相互依赖成本的两个关键性指标。其中，敏感性指的是在保持政策框架不变的情况下，A国政策的变化会在多长时间内被B国所感知到，以及会给B国带来多大的实际损失。[①] B国感知到A国政策变化所需时间越短，B国因此受到的损失越大，则B国在该领域与A国的相互依赖关系中的敏感性越大。在20世纪70年代的石油危机中，中东产油国提高石油价格的行为给进口石油的美国、日本等国家带来了不小的影响，导致这些国家国内石油价格快速上涨。由此可见美日两国在石油领域存在着对中东产油国的敏感性相互依赖，但依赖的敏感程度并不相同。由于日本石油几乎全部从中东进口，而美国的石油进口在其能源总消费中所占比重较低，因此日本对石油进口价格上升的感知速度明显快于美国，损失也远大于美国。这意味着，日本对中东石油价格的敏感性大于美国。

脆弱性测量的是改变现有的政策框架所需要付出的代价。[②] 替代性选择越少，替代性选择的成本越高，脆弱性就越大。例如在石油进口领域，脆弱性就体现为寻找替代性能源或替代性进口国家的可能性大小以及所需付出的代价。如果两个国家的石油进口都占其

---

① [美]罗伯特·基欧汉、约瑟夫·奈:《权力与相互依赖》，门洪华译，北京大学出版社2002年版，第12页。
② 同上书，第14页。

总需求量的30%，那么两国对石油价格的上涨一样敏感。但问题是，如果其中一个国家可以付出适中的代价转向国内能源，或是比较容易且成本不高地寻找到新的石油进口国，而另一个国家没有这种替代性选择或者替代性选择极其高昂，那么后者对石油价格的脆弱性大于前者。

三 不对称脆弱性相互依赖是权力的重要来源

敏感性相互依赖和脆弱性相互依赖都会对国家间关系产生影响。但相比较而言，脆弱性相互依赖的影响更为根本，更能成为国家的权力资源。①

敏感性相互依赖要想发挥作用，前提是双方都不愿或者不能改变、打破现有的关系。此时敏感性较小的一方可以此威胁要求敏感性较大的一方按己方的想法行事，逼对方就范。但问题是，随着国家间交往的日益密切，国家存在着改变这种关系框架的可能。对于很多国家来说，当它陷入对另一方的严重的不对称敏感性相互依赖时，它完全可以选择逃离这种关系框架，只不过这种选择的代价有大有小而已。当所有的国家都具备这种逃离的可能，或者说有替代性选择时，不对称敏感性相互依赖的战略意义也就失去了。比如，A国90%以上的大豆都从B国进口。而B国的大豆出口比较多元，对A国的出口仅占总出口额的10%。因此，当B国改变对A国的大豆出口政策，暂时中断对A国的出口时，A国付出的代价显然要更大，因此在这一相互依赖关系中，A国的敏感性大于B国。这时，只有在A国只能进口B国的大豆的情况下，B国才可能将这种不对称的敏感性转化为对A国的权力。但很显然，这一条件很难满足。在全球化时代，A国通常有不止一

---

① ［美］罗伯特·基欧汉、约瑟夫·奈：《权力与相互依赖》，门洪华译，北京大学出版社2002年版，第233页。

种选择。当 A 国决定改变与 B 国的贸易关系时，B 国就无法再用敏感性作为筹码要求 A 国就范了。

相比较于不对称敏感性相互依赖，不对称脆弱性相互依赖意味着依赖较大的一方缺乏替代性选择或者替代性选择获得成本巨大。换言之，依赖较小的一方对依赖较大的一方具有很强的不可替代性。正是这种不可替代性，使得依赖较小的一方可以此相威胁，获得对依赖较大一方的权力。例如，美韩同盟对韩国的安全至关重要，韩国对美国的安全依赖程度显然大于美国对韩国的安全依赖程度。而在这种不对称相互依赖中，韩国对美国的依赖具有明显的脆弱性，因为除美国之外，很难有其他国家能够给韩国提供更可靠的安全保障，韩国自己在短时间内也很难建立起足够有效的自主国防能力。美国对韩国安全保障的不可替代性，使得美国可以在很多问题上以军事安保为筹码，要求韩国与其保持一致或做出让步。美国对韩国的影响力就来源于这种不对称脆弱性相互依赖。

四　复合相互依赖

基欧汉和奈认为，相互依赖未来将向复合相互依赖（complex interdependence）的方向发展。复合相互依赖具有三个特征：其一，各社会之间的多渠道联系，包括政府精英之间的非正式联系或对外部门的正式安排，非政府精英之间的非正式联系（包括面对面的交流或通过电讯联系），跨国组织（如多国银行或多国公司）等。其二，国家间关系的议程包括许多没有明确或固定等级之分的问题，特别是军事安全并非始终是国家间关系的首要问题。其三，当复合相互依赖普遍存在时，一国政府不在本地区内或在某些问题上对他国使用武力。[1]

---

[1] ［美］罗伯特·基欧汉、约瑟夫·奈：《权力与相互依赖》，门洪华译，北京大学出版社 2002 年版，第 25—26 页。

通过各社会之间的多渠道联系、问题之间没有等级之分以及武力不发挥作用，基欧汉和奈构建了一个完全不同于现实主义的无政府状态下的理想模式。在现实主义看来，作为整体的国家是国际体系中最重要的行为体；作为高政治（high politics）的军事安全最为重要，主导着经济和社会事务等低政治（low politics）；使用武力威胁是行使权力的最有效工具。基欧汉和奈则认为，复合相互依赖虽然是一种理想模式，但它能够比现实主义更好地解释世界政治的现实，尤其适合解释民主国家之间的关系。

第二节 经济相互依赖与和平

一 经济相互依赖促进和平的作用机制

就经济相互依赖如何导致和平的问题，学者们提出了如下四种作用机制。一是战争机会成本说。它的逻辑思路是，国家间的经济相互依赖可以给彼此带来巨大的经济社会财富。这一方面可以减少为攫取财富而发动战争的可能性，另一方面更重要的是，如果双方发生战争，那么双方将不仅会丧失战争期间的经济收益，而且还需要为寻找替代性的贸易伙伴或者重新配置经济资源付出代价，这些经济损失和代价就是战争的机会成本。随着国家间经贸往来的日益密切和相互依赖程度的加深，战争的机会成本将随之增加，冲突的门槛也由此被提高，国家将越来越不愿意轻易挑起冲突。[①]

[①] 波罗契克 1980 年首先在《冲突与贸易》一书中提出战争机会成本的概念。Solomon W. Polachek, "Conflict and Trade," *Journal of Conflict Resolution*, Vol. 24, No. 1, 1980, pp. 55 – 78. 有关战争机会成本促进和平的观点，还可参见 Katherine Barbieri, *The liberal Illusion: Does Trade Promote Peace?* Ann Arbor: University of Michigan Press, 2002; Erik Gartzke, "The Classic Liberals were Just Lucky," in Edward D. Mansfield and Brian M. Pollins, eds., *Economic Interdependence and International Conflict: New Perspectives on an Enduring Debate*, Ann Arbor: University of Michigan Press, 2003, pp. 96 – 110. Richard N. Rosecrance, *The Rise of the Trading State: Commerce and Conquest in the Modern World*, New York: Basic Books, 1986.

二是经济威慑说。其逻辑思路是,由于双方存在经济相互依赖,且这种相互依赖是一种不对称的相互依赖,因此对于依赖较小的一方来说,它可以通过传递出可置信的威胁信号,来有效地慑止依赖较大一方可能的挑衅行为。具体表现是:当依赖较大的一方想挑起冲突时,依赖较小的一方可以中断甚至终止双方间的经贸往来相威胁,迫使依赖较大的一方放弃挑起冲突的想法。此外还存在一种可能,依赖较小的一方对依赖较大一方提出非分的要求,对于依赖较大的一方来说,很难接受这种要求。这时依赖较小的一方可以通过诉诸有效的经济威慑,而不必通过军事威慑甚至是军事冲突,迫使依赖较大的一方让步,这样就能在实现既定目标的同时减少军事冲突发生的可能性。①

三是利益集团说。其逻辑思路是,随着经济相互依赖带来的国家财富的增加,国内贸易群体的影响力也随之上升。与其他利益集团相比,这些群体更倾向于保持国家间的和平关系,因为和平会带来持续的商业利益,而战争则会中断获利。所以当国内舆论出现战争倾向时,这些贸易利益集团会联合起来,通过发挥自身对政府政策的影响力,避免国家卷入战争。不仅如此,与该国存在经济相互依赖关系的另一国的国内利益群体,由于跨国利益的存在,这些群体也会在本国积极开展游说活动,尽可能维持与贸易伙伴的和平关系。在双方利益集团的共同推动下,国家间的战争得以避免。②

四是信息渠道说。它的逻辑思路是,国际关系中很多冲突都是由

---

① 有关经济威慑论可参考 Arthur A. Stein, "Trade and Conflict: Uncertainty, Strategic Signaling, and Interstate Disputes," in Edward D. Mansfield and Brian M. Pollins, eds., *Economic Interdependence and International Conflict: New Perspectives on an Enduring Debate*, Ann Arbor: University of Michigan Press, 2003, pp. 111 – 126; James D. Morrow, "How could Trade Affect Conflict?" *Journal of Peace Research*, Vol. 36, No. 4, 1999, pp. 481 – 489.

② 关于利益集团说,参见 Etel Solingen, "Internationalization, Alliance and Regional Conflict/Cooperation," in Edward D. Mansfield and Brian M. Pollins, eds., *Economic Interdependence and International Conflict: New Perspectives on an Enduring Debate*, Ann Arbor: University of Michigan Press, 2003, pp. 60 – 85.

信息的不透明导致的。国家之间由于信息的不对称,很容易出现战略误判,进而引发冲突和战争。而国家间经济相互依赖的增加,可以使国家在频繁的经贸交往中,更加准确地判断对方的意图,减少不确定性,从而降低因信息不对称导致的战争。桑多瓦·巴斯图斯(Rosa E. Sandoval-Bustos)认为,通过发展经贸往来,可以在对方开设更多的官方机构,增加信息的透明性,由此减少冲突的发生。①

二 对经济相互依赖和平论的质疑

尽管很多学者相信经济相互依赖能够促进和平并提出了上述多种作用机制,但并不是所有人都认同这种观点。就连提出复合相互依赖模式的基欧汉和奈也认为,"有人认为,相互依赖的增加将创造一个充满合作的、美好的新世界,以取代充满国际冲突的、恶劣的旧世界。我们必须谨慎看待这个问题"。②

一部分学者认为,经济相互依赖只有在一定的条件下才能促进和平。例如,有学者认为,经济相互依赖是否能带来和平取决于国家的发展水平。相对于发展中国家的经济往来,发达国家间的经济相互依赖更有可能促进和平。③ 还有学者将民主作为前提条件,认为只有民主国家之间的相互依赖才能实现和平;而民主和非民主国家,以及非民主国家彼此之间的相互依赖反而会带来更多的冲突。④ 考虑

---

① Rosa E. Sandoval-Bustos, "Interdependence and Militarized Conflict: Does Trade Inform States?" https://www.polisci.uiowa.edu/news/workshop_papers/sandavalbustos.pdf.

② [美]罗伯特·基欧汉、约瑟夫·奈:《权力与相互依赖》,门洪华译,北京大学出版社 2002 年版,第 11 页。

③ Havard Hegre, "Development and the Liberal Peace: What Does It Take to be a Trading State?" *Journal of Peace Research*, Vol. 37, No. 1, 2000, pp. 5 – 30.

④ Christopher Gelpi and Joseph M. Grieco, "Economic Interdependence, the Democratic State, and the Liberal Peace," in Edward D. Mansfield and Brian M. Pollins, eds., *Economic Interdependence and International Conflict: New Perspectives on an Enduring Debate*, Ann Arbor: University of Michigan Press, 2003, pp. 44 – 59. John R. Oneal, Bruce M. Russet, "The Classical Liberals Were Right: Democracy, Interdependence, and Conflict, 1950 – 1985," *International Studies Quarterly*, Vol. 41, No. 2, 1997, pp. 267 – 293.

到国际制度在减少不确定性、降低交易成本上发挥的重要功能,有学者研究发现,只有在贸易集团或国际组织的各成员中间,经济相互依赖才能促进和平,成员和非成员以及非成员之间的经济交往将会导致更多的冲突。① 此外,还有学者认为,相互依赖、民主和国际制度三者单独作用都能够带来和平,但三者共同作用将会最大限度地减少国家间的冲突。也就是说,国家间的相互依赖越紧密,民主国家越多,国际组织架构越趋网络化,则越有助于国际和平。②

另一些学者认为,经济相互依赖与和平没有必然的联系。巴里·布赞认为,经济议题属于"低政治",政治军事安全议题属于"高政治",前者无法支配后者。由于追求国家安全是国家第一位的政策目标,所以当国家的主权或军事安全受到威胁时,决策者将不会考虑低政治问题的影响,会毫不犹豫地中断经贸往来。③

还有学者认为,经济相互依赖不仅不能带来和平,反而会增加冲突和战争。现实主义学者普遍认为相互依赖将导致冲突。华尔兹认为,"紧密的相互依赖意味着交往的密切,从而增加了发生偶然冲突的机会。最残酷的内战以及最血腥的国际战争都发生在过度相似而且紧密相连的人们之间。除非潜在的参战各方具有某种联系,否则战争根本就不可能发生。如果相互依赖的各方之间的关系无法得到规范,必然会发生冲突,偶尔也将诉诸暴力。如果相互依赖的发展速度超过了中央控制的发展,相互依赖便会加速战争的来临"。④ 值得一提的是,自由主义的领军人物基欧

---

① Edward D. Mansfield and Jon C. Pevehouse, "Trade Blocs, Trade Flows, and International Conflict," *International Organization*, Vol. 54, No. 4, 2000, pp. 775–808.

② Bruce Russett and John Oneal, *Triangulating Peace: Democracy, Interdependence, and International Organizaiotns*, New York: W. W. Noton Company, 2001.

③ Barry Buzan, "Economic Structure and International Security: The Limits of the Liberal Case," *International Organization*, Vol. 38, No. 4, 1984, pp. 597–624.

④ [美]肯尼思·华尔兹:《国际政治理论》,信强译,上海人民出版社2008年版,第147页。

汉也有类似的观点,认为"世界政治经济中的相互依赖产生着冲突"①,"1945年以来急剧增加的国际经济相互依赖,以及政府对现代资本主义经济的持续卷入,导致了更多的潜在摩擦点"。②

经济相互依赖导致冲突的逻辑机制大致可以归纳为两种。一种是从国家间利益分配的角度,认为不对称相互依赖给国家自主性带来的潜在的负面影响会引发国家间的冲突。吉尔平认为,"经济相互依赖在社会集团以及国家之间建立了一种实力关系……相互依赖产生了一种可供利用和操纵的脆弱性。……作为这一情况的对策,各个国家均努力加强自己的独立性,而增加他国对自己的依赖性"③。赫胥曼通过研究发现,国家可能会故意通过与其他国家开展经贸往来,来造成对方对己方的依赖,从而获得对他国的对外政策的影响力。当这种依赖上升为一种结构性依赖时,依赖较大的一方为确保国家的独立性,会不惜采取军事手段来消除这种影响。④ 巴尔比雷的统计研究显示,对称的相互依赖减少冲突,而不对称的相互依赖会导致更多的冲突。⑤

另一种是从国内利益分配的角度,认为相互依赖在国内的利益分配不均也容易引发冲突。国家间的经贸往来虽然给每个国家都带来绝对性的收益,但是这种收益在一国内部的分配并不是绝对平均的。总有一些群体的利益会随着比较优势的变化而受损。而在同一群体中,那些生产要素的丰裕者会有最大的收益,生产

---

① [美]罗伯特·基欧汉:《霸权之后:世界政治经济中的合作与纷争》,苏长和、信强、何曜译,上海人民出版社2006年版,第235页。
② 同上书,第4页。
③ [美]罗伯特·吉尔平:《国际关系政治经济学》,杨宇光等译,经济科学出版社1989年版,第30页。
④ Albert O. Hirschman, *National Power and the Structure of Foreign Trade*, Berkeley: University of California Press, 1980.
⑤ Katherine Barbieri, "Economic Interdependence: A Path to Peace or a Source of Interstate Conflict?" *Journal of Peace Research*, Vol. 33, No. 1, 1996, pp. 29–49.

要素稀缺者则很可能无法享有相互依赖带来的好处。于是，这些处于弱势地位的群体便会试图通过影响国内政治进程来获取更多的利益。[1] 在回应因之而来的各种需求时，"政府必然会将这些调整的代价转嫁到其他国家，或至少避免由它们自己来承担。这种战略自然在国家之间导致政策的相互矛盾并进而引起纷争"。[2]

经济相互依赖和平论仍然面临挑战和质疑。尽管如此，这种理论上的探讨和争鸣仍然使我们对相互依赖与和平之间的关系有了更为全面和深刻的认识，越来越广泛运用的定量实证研究，也将帮助我们更准确地了解相互依赖促进和平的适用条件。相比较于经济相互依赖是否能够促进和平的争论，如何从相互依赖的视角认识我们所处的世界可能更为重要。就像基欧汉和奈所说："我们并不认为，当相互依赖普遍存在时，国际冲突就消失得无影无踪。相反，国际冲突会以新的形式出现，甚至会呈现上升态势。但是，理解世界政治冲突的传统方式无法充分解释相互依赖条件下的国际冲突。"[3] 这可能是相互依赖自由主义的最大贡献所在，它为我们提供了一种从相互依赖的视角思考国际政治的分析框架。

---

[1] 参见［美］迈克尔·希斯考克斯《国际贸易与政治冲突：贸易、联盟与要素流动程度》，于扬杰译，中国人民大学出版社2005年版；Renald Rogowski, *Commerce and Coalitions: How Trade Affects Political Alignments*, Princeton: Princeton University Press, 1989.

[2] ［美］罗伯特·基欧汉：《霸权之后：世界政治经济中的合作与纷争》，苏长和等译，上海人民出版社2006年版，第235页。

[3] ［美］罗伯特·基欧汉、约瑟夫·奈：《权力与相互依赖》，门洪华译，北京大学出版社2002年版，第9页。

思考题

1. 现实的国际政治中有哪些因相互依赖而产生敏感性和脆弱性的例子？
2. 经济相互依赖带来和平的条件是什么？

第十章
共和自由主义

民主和平论的思想渊源与早期实践

民主和平的经验证据与因果逻辑

对民主和平论的批评

共和自由主义

共和自由主义是自由主义范式的另一个重要理论，其核心观点是民主国家之间很少发生战争，或者更准确地说，民主国家之间发生战争的概率远小于民主国家与非民主国家以及非民主国家之间发生战争的概率。共和自由主义也因此被称为"民主和平论"。与商业自由主义一样，共和自由主义也是从国家互动或国家特性的角度解释国际关系，两者都属于华尔兹所说的还原理论。共和自由主义的另一个特点是其具有很强的政策意义，对冷战后美国外交政策的调整产生了深刻的影响，突出表现是推行民主成了克林顿政府时期美国外交政策的基轴。克林顿在1994年的国情咨文中明确声称"民主国家之间不会打仗"，因此"保证国家间彼此安全和持久和平的最好的做法就是在全世界其他地方推广民主"。[①]

最早尝试对民主国家之间的和平做出解释的国际关系学者是迈克尔·多伊尔（Michael Doyle）。1983年，多伊尔在《哲学与公共事务》（*Philosophy and Public Affairs*）上发表《康德、自由遗产与外交事务》（"Kant, Liberal Legacies and Foreign Affairs"）一文，在借鉴康德永久和平思想的基础上，从制度约束、共同价值观和经济相互

---

① John M. Owen, "How Liberalism Produces Democratic Peace," *International Security*, Vol. 19, No. 2, 1994, p. 87.

依赖三个方面论证了民主与和平的关系。① 该文的发表标志着学界对民主与和平关系的研究从过去单纯的经验归纳发展为有系统因果逻辑推演的理论。除多伊尔以外，民主和平论的代表性学者还有布鲁斯·拉希特（Bruce Russett）和约翰·欧文（John M. Owen）等。

第一节 民主和平论的思想渊源与早期实践

一 康德的永久和平论

民主和平论的思想最早源自康德。如第八章所述康德在1795年发表的《永久和平论》一文中，列出了实现永久和平的三个条件，分别是"每一个国家的公民体制都应当是共和制"，"国际权利都应该以自由国家的联盟制度为基础"，以及"世界公民权利将限于以普遍的友好为其条件"。② 其中第一条就是民主和平。康德认为，共和制国家即民主国家之所以能带来和平，原因在于它们若想发动战争，就需要经过国民的同意，而国民考虑到战场作战、战时费用、战后重建、国债负担等巨大的战争成本，便会在战争问题上慎之又慎。相反，在不受国民约束的专制国家里，统治者会非常轻率地发动战争，因为是否发动战争都无损他个人的享乐。③

在康德看来，民主是一种天生的和平体制，民主国家本质上是和平的。但这种朴素的民主和平思想也反映出康德对战争与和平问题的认识尚不十分成熟。如果说民主国家果真是天生爱好和平的，那么它将不仅不会与其他民主国家发生战争，也不会与非民主国家开战。但事实上，民主国家与非民主国家之间的战争次数并不少于

---

① Michael Doyle, "Kant, Liberal Legacies, and Foreign Affairs," *Philosophy and Public Affairs*, Vol. 12, No. 3, 1983, pp. 205–235.
② ［德］康德：《历史理性批判文集》，何兆武译，商务印书馆1996年版，第105—118页。
③ 同上书，第107页。

非民主国家之间的战争次数。根据梅尔文·斯莫尔（Melvin Small）和戴维·辛格（David Singer）对 1815 年到 1965 年战争的研究，民主国家与非民主国家一样，都同样参与到了战争当中。民主国家并不是非民主国家所发起的攻击性战争的受害者，它们同样可能是挑起武装冲突的责任方。[①] 例如，美国不仅在 1846 年到 1848 年主动发起与邻国墨西哥的战争，还在 1914 年推崇民主的威尔逊政府时期再次武装入侵墨西哥。对民主与和平关系更深入的研究就落到了现代民主和平论学者们的身上。

二 民主和平的早期实践

康德提出的民主和平思想虽然在当时没有引起太多的认同和重视，但却给 20 世纪初新创的国际关系学带来了思想上的重要启迪。当时，苦苦思索如何实现世界和平的第一代国际关系学者和政策人士受康德永久和平论的启发，提出了通过民主实现和平的方案。1917 年 4 月，作为理想主义旗手的美国总统威尔逊在请求对德宣战的国会演说中就明确表达了民主和平的思想，他认为，"对世界和平和自由的威胁是由于专制政府（autocratic governments）的存在。这些专制政府受到有组织的力量的支持，而这些有组织的力量又完全为专制政府的意志而不是人们的意志所控制。在这种情势下，我们再也不需要中立了"，有鉴于此，"世界应使民主享有安全。和平应建立在政治自由历经考验的基础上"。[②]

随后，在 1918 年 1 月赴巴黎和会之前，威尔逊正式向国会提

---

① Melvin Small and J. David Singer, "The War-Proneness of Democratic Regimes, 1816 – 1965," *The Jerusalem Journal of International Relations*, Vol. 1, No. 4 (1976), pp. 50 – 69. 拉希特也认同这一观点。参见 Bruce Russett, *Grasping the Democratic Peace: Principles for a Post-cold War World*, Princeton: Princeton University Press, 1993, p. 39.

② Woodrow Wilson, "Joint Address to Congress Leading to a Declaration of War Against Germany," *Senate Document*, No. 5. 1917, https://www.archives.gov/historical-docs/todays-doc/? dod-date = 402.

交了他有关战后世界和平的著名的"十四点原则",其所设想的国际秩序是"消除贸易壁垒,暂停军备竞赛,废除与盟国的秘密外交和停止杀戮,推翻帝国,最重要的是在整个欧洲促进民族自决。温和的、民主的、宪政的革命将在德国、俄罗斯和奥匈帝国新解放的国家中盛行。这些国家和其他民主、爱好和平的国家组成一个国际联盟,它将结束世界上的恐怖、暴政和侵略,并平息各国人民为正义而进行的'普遍动乱'"。①

民主和平思想不仅是"十四点原则"的重要组成部分,而且在随后形成的凡尔赛体系中得以实现。《凡尔赛条约》签署后,波兰、匈牙利、奥地利、捷克斯洛伐克、南斯拉夫等中东欧新独立的国家先后建立共和国,自由民主思想在战后的欧洲开始落地。但遗憾的是,随着20世纪30年代法西斯独裁政权在德国、意大利等国的确立,一些新生的、被期待有可能发展成为成熟民主国家的中东欧国家开始转向独裁主义,自由民主制度遭受了首次沉重打击,有关民主和平的讨论也暂时沉寂。直到20世纪七八十年代,随着第三波民主化浪潮的到来,民主与和平的讨论再次热烈起来,并逐渐发展出日趋成熟的民主和平论。

第二节 民主和平的经验证据与因果逻辑

一 民主和平的经验证据

民主和平论的经验研究先于理论论证。1964年美国社会学家巴布斯特(Dean Babst)发现,自1789年以来,没有一场战争发生在那些通过民主选举产生政府的独立民族国家之间。② 1976年,

---

① Michael H. Hunt, *Ideology and U. S. Foreign Policy*, 2nd Edition, New Haven and London: Yale University Press, 2009, p. 134.
② Dean Babst, "A Force for Peace," *The Wisconsin Sociologist*, Vol. 3, No. 1, 1964, pp. 9–14.

国际关系学者斯莫尔和辛格根据"战争相关因素"数据库（Correlates of War Project，以下简称 COW 数据库）的数据发现，自 1815 年起民主国家之间的确没有发生过战争，但他们同时表示，由此就得出民主与和平之间存在关联的结论未免过于乐观，因为研究同时显示，民主国家参与了与非民主国家之间的战争。[1] 1983 年，多伊尔再次使用 COW 数据库数据，在重新定义战争，排除内战和秘密干预之后，对 1816 年至 1980 年发生的 118 场国际战争进行细致分析后再次发现，"自由国家之间尚未发生过战争"[2]，但他同样指出，"自由国家只有在与其他自由国家的关系中才是和平的。在与非自由主义国家的关系中，自由主义国家同任何其他形式的政府或社会一样，都具有侵略性和战争倾向"。[3]

拉梅尔（R. J. Rummel）通过对 1976 年到 1980 年发生的国际暴力事件的梳理也发现，在此期间民主国家之间没有发生过战争。统计显示，两个国家的民主程度越高，它们之间发生暴力冲突的可能性就越小；一个国家越是民主，它参与到国际暴力中的可能就越小。[4] 拉梅尔的研究结论也为后来齐韦·毛兹（Zeev Maoz）的研究所证实。毛兹在控制了财富、军事力量、地理邻近性、同盟等多个干扰变量的情况下，采用逻辑回归（Logistic Regression）方法，对 1946 年到 1986 年冷战四十年的战争数据进行了分析，结果证实，两个国家越民主，它们之间发生冲突的可能性越小。[5]

---

[1] Melvin Small and J. David Singer, "The War-Proneness of Democratic Regimes, 1816 – 1965," *The Jerusalem Journal of International Relations*, Vol. 1, No. 4, 1976, pp. 50 – 69.

[2] Michael Doyle, "Kant, Liberal Legacies, and Foreign Affairs," *Philosophy and Public Affairs*, Vol. 12, No. 3, 1983, p. 213.

[3] Ibid., p. 225.

[4] R. J. Rummel, "Libertarianism and International Violence," *Journal of Conflict Resolution*, Vol. 27, No. 1, 1983, pp. 27 – 71.

[5] Zeev Maoz, "The Democratic Peace since World War II," in Bruce Russett, *Grasping the Democratic Peace: Principles for a Post-cold War World*, Princeton: Princeton University Press, 1993, pp. 72 – 98.

这些归纳和统计研究，一方面为民主和平论提供了经验性证据，另一方面也更加清晰地厘清和确立了民主和平论的研究假设。有别于康德最初提出的民主国家天生和平的观点，民主和平论者们将其基本观点或者说研究假设严格限定在民主国家之间更加和平上。他们普遍承认民主国家与非民主国家在历史上都卷入数量差不多的战争中，存在明显不同的只是民主国家之间很少打仗。

二 民主和平的因果逻辑

民主和平论之所以能成为一个理论，就在于它不单纯是经验数据的简单归纳，还给出了由民主到和平的因果作用机制。概括而言，民主和平论认为，在民主规范和制度约束两方面的共同作用下，民主国家之间很少发生战争。

首先是民主规范。民主国家内部的冲突解决规范是通过妥协的方法和平解决争端。这既表现在各政党或政治家为权力而进行的和平竞争，也表现在通过谈判的方式来解决国内的经济社会矛盾。"诉诸有组织的致命暴力或暴力威胁被认为是非法的，而且也无法保障个人的'合法'权利。"[1] 在与外部世界的互动中，民主国家会将这种"受约束的政治竞争、妥协解决政治冲突以及和平移交权力"[2] 的规范外化，用于处理与他国的关系。只不过在处理与民主国家和非民主国家关系上有明显的不同。如果面对的是民主国家，由于清楚地知道对方国内的规范也是妥协和非暴力的，所以在这种跨国的民主文化中，就"如同在一个民主国家内一样"，[3] 当两个国家发生利益冲突时，它们会自觉地遵循和平解决冲突的民主

---

[1] Bruce Russett, *Grasping the Democratic Peace: Principles for a Post-cold War World*, Princeton: Princeton University Press, 1993, p. 31.
[2] Ibid., p. 33.
[3] Ibid..

规范,以"防止冲突升级为武力威胁或是战争"。[1] 对它们来说,"彼此间发生战争是非正义的、不审慎的"。[2]

相反,如果面对的是非民主国家,由于"非民主国家对自己的人民都处于一种侵略状态,它们的外交行为也就很难为民主国家政府所信任",[3] 所以当与非民主国家发生冲突时,它不会期待对方会受到民主规范的约束,而认为有必要按照后者的暴力解决冲突规范来行事,以防止自身妥协的倾向被对方所利用。[4] 这样,在与非民主国家的互动中,民主国家不但不会把民主规范运用到对外行为上,反而"可能进行防御性的战争或先发制人的行动"。[5] 类似地,由于非民主国家之间会遵循"暴力、非妥协的结果和消灭对方"[6] 的准则来解决冲突,所以它们之间也会频繁地爆发战争。

简言之,民主规范促进和平的逻辑机制有两个关键点:一是国家间共享同一种规范,二是所共享的规范强调以和平妥协方式解决问题。后者决定了为什么是"民主"和平论而不是"专制"和平论,前者决定了为什么和平只发生在民主国家彼此之间而不保证民主与非民主国家之间的和平。

其次是制度约束。在民主国家里,最高领导人要发动战争必须征得内阁成员或者立法机关及(最终)选民的同意,[7] 这是由民主国家政体中的权力分立和权力制衡原则以及民主国家的选举制度所

---

[1] Bruce Russett, *Grasping the Democratic Peace: Principles for a Post-cold War World*, Princeton: Princeton University Press, 1993, p. 33.

[2] John M. Owen, "How liberalism Produces Democratic Peace," *International Security*, Vol. 19, No. 2, 1994, p. 90.

[3] Michael Doyle, "Liberalism and World Politics," *American Political Science Review*, Vol. 80, No. 4, 1986, p. 1161.

[4] Bruce Russett, *Grasping the Democratic Peace: Principles for a Post-cold War World*, Princeton: Princeton University Press, 1993, p. 33.

[5] Ibid., p. 32.

[6] Ibid., p. 33.

[7] John M. Owen, "How liberalism Produces Democratic Peace," *International Security*, Vol. 19, No. 2, 1994, p. 90.

决定的。① 这种制度上的设计使得民主国家的领导人在发动战争方面受到极大的限制，因为不管是"确保广泛的公众支持，为他们的行动取得合法性"还是"要获得官僚机构、立法机构和私人利益集团的默许"，② 所进行的动员都是非常困难和复杂的，而且"使用暴力的规模、成本和风险越大，在公众动员上所投入的精力就会越多"。③ 这样，民主国家战争动员上的复杂性不仅使领导人不会轻易着手备战，而且也为通过谈判和其他和平手段解决冲突提供了充足的时间。施维勒的研究显示，"民主大国似乎从来没有对另一个大国发动华尔兹预防性战争"。④ 所以，当两个民主国家发生冲突时，由于双方都会预料到对方会因制度的限制而迟迟难以做出开战的决定，不必担心一方对另一方发动突然袭击，这样双方就都敢于通过非暴力的方式来解决彼此间的冲突。

相反，如果一个民主国家和另一个非民主国家出现利益冲突时，由于一方面非民主国家的领导人不像民主国家的领导人那样受到制度约束，可以更容易、更迅速、更秘密地发动大规模暴力，民主国家因此会随时面临遭到突然袭击的风险，另一方面民主国家也很可能会面临非民主国家领导人利用前者战争决策进程缓慢的"弱点"而威胁让其做出更大让步的风险，这种风险客观上会帮助民主国家领导人克服不愿或反对开战的国内阻碍。这两方面因素共同作用，致使民主国家在面对与非民主国家的冲突时最终往往选择开战，以避免被迫做出让步或遭受先发制人式打击。⑤ 这一推理也

---

① Bruce Russett, *Grasping the Democratic Peace: Principles for a Post-cold War World*, Princeton: Princeton University Press, 1993, p. 38.
② Ibid. .
③ Ibid. , p. 39.
④ Randall L. Schweller, "Domestic Structure and Preventive War: Are Democracies More Pacific?" *World Politics*, Vol. 44, No. 2, 1992, pp. 235-269.
⑤ Bruce Russett, *Grasping the Democratic Peace: Principles for a Post-cold War World*, Princeton: Princeton University Press, 1993, pp. 39-40.

同样适用于非民主国家之间。由于没有国内制度的约束，两个非民主国家在出现利益冲突时很有可能会选择诉诸武力。

第三节　对民主和平论的批评

对民主和平论的批评主要集中在以下几点：首先，有关"民主"和"战争"的界定并不统一。斯莫尔和辛格给民主设定了三个指标，分别是定期选举和反对党的自由参与、至少有10%的成年人有投票权、议会控制政府或者与政府平起平坐。[①] 多伊尔的研究在斯莫尔和辛格定义的基础上，为"民主"设置了更多的限定条件，例如至少有30%以上的男性拥有投票权，以及如果一场战争被视为民主国家发动的，那么这个代议制政府必须得在战争之前存在三年以上。[②] 欧文在"民主"概念之前增加了"自由"的限定，认为民主国家应该是自由主义意识形态占主导的国家，其特点是言论自由和有权宣战的官员定期举行竞争性选举。[③]

战争概念也存在类似情况。在斯莫尔和辛格的研究中，战争被设定为死亡一千人以上的冲突。[④] 在其他学者的研究中，战争的定义在此基础上又被进一步窄化。例如，多伊尔将国内战争和秘密干预排除在战争范畴之外。[⑤] 拉希特所定义的战争在斯莫尔和辛格的死亡人数的最低线之上，增加了"主权"国家的限定，认为国家

[①] Melvin Small and J. David Singer, "The War-Proneness of Democratic Regimes, 1816 – 1965," *The Jerusalem Journal of International Relations*, Vol. 1, No. 4, 1976, p. 55.

[②] Michael Doyle, "Kant, Liberal Legacies, and Foreign Affairs," *Philosophy and Public Affairs*, Vol. 12, No. 3, 1983, p. 212.

[③] John M. Owen, "How liberalism Produces Democratic Peace," *International Security*, Vol. 19, No. 2, 1994, pp. 89, 102.

[④] Melvin Small and J. David Singer, *Resort to Arms: International and Civil Wars*, 1816 – 1929, LosAngeles: Sage Publications, 1982.

[⑤] Michael Doyle, "Kant, Liberal Legacies, and Foreign Affairs," *Philosophy and Public Affairs*, Vol. 12, No. 3, 1983, p. 215.

间战争必须是主权国家之间的战争,因此 19 世纪为"夺取土著人民的领土而进行的殖民战争"和 20 世纪"为解放这些人民所进行的战争"都不属于"战争"范畴。①

　　这些对"民主"和"战争"的不同定义,使得相同的国家或者战争有时被列入研究范围内,有时又被排除在外,从而在一定程度上削弱了理论的科学性和结论的说服力。例如,按照多伊尔对"民主"的定义,1812 年的法国就不被视为"民主国家",而在肯尼思·华尔兹和欧文的研究中它则被视为"民主"国家。② 同样,按照多伊尔对"战争"的狭义定义,他所研究的从 1816 年到 1980 年的战争数量就比斯莫尔和辛格研究的同时段的战争数量少了四百多场。③

　　其次,在经验层面,学界对民主国家之间很少发生战争这个核心论断本身也存在质疑。一种质疑认为民主和平并不适用于所有的历史时期。拉希特认为,关于民主国家不应该打仗的强有力的规范直到 19 世纪末才发展起来。"这段时期提供了一些例子,在这些例子中,稳定的民主国家卷入了严重的外交争端,这些争端将它们带到战争的边缘,但从未真正越过边界。"④ 在他看来,19 世纪末之前民主国家之间不打仗或很少打仗的现象并不明显,在此时间段中民主与和平之间不存在统计上的相关性。正因如此,他强调自己

---

① Bruce Russett, *Grasping the Democratic Peace: Principles for a Post-cold War World*, Princeton: Princeton University Press, 1993, pp. 12 – 14.

② Kenneth N. Waltz, "The Emerging Structure of International Politics," *International Security*, Vol. 18, No. 2, 1993, p. 78; John M. Owen, "How liberalism Produces Democratic Peace," *International Security*, Vol. 19, No. 2, 1994, pp. 90, 97.

③ Michael Doyle, "Kant, Liberal Legacies, and Foreign Affairs," *Philosophy and Public Affairs*, Vol. 12, No. 3, 1983, p. 215.

④ Bruce Russett, *Grasping the Democratic Peace: Principles for a Post-cold War World*, Princeton: Princeton University Press, 1993, p. 5.

的理论只适用于解释1945年之后的民主和平的情况。[1]

另一种质疑与民主过渡有关，认为民主并不必然带来和平，正处于民主化进程中的国家更加容易卷入战争。爱德华·曼斯菲尔德（Edward D. Mansfiled）和杰克·斯奈德（Jack Synder）研究了民主化（Democratization）与战争的关系。他们将民主看成一个渐进的过程而不是突然的变化，因此分别考察了在民主化的第一年、第五年和第十年里国家卷入战争的情况。通过对1811年到1980年将近两个世纪的战争数据进行统计分析后发现，民主化国家比那些政体未变动的国家更具有侵略性。这种侵略性倾向在民主化发生的第十年时最强。平均而言，民主化国家发生战争的可能性要比政体未变动国家高2/3。他们给出的解释是：民主化过程中的国家面临中央权威软弱、政治联盟不稳定和强有力的大众政治问题。为维护尚不稳定的统治，精英往往会通过呼唤民族主义、寻找外国替罪羔羊来转移国内压力，从而引发战争。[2] 事实上，与这一发现和解释相吻合的例子在20世纪90年代也可以找到。例如，1990年南斯拉夫地区在刚刚举行完大选过渡到民主国家不久，就在战乱中分裂了。苏联加盟共和国亚美尼亚和阿塞拜疆也在90年代初期举行大选，但胜出的民族主义政治家很快就亚、阿两国人民共同居住的纳戈尔诺—卡拉巴赫地区挑起了领土争端，并最终升级为两国间的全面战争。

最后，存在替代性解释。有学者指出，即使民主国家之间真的很少发生战争，这一现象也并不奇怪，因为民主国家数量很少，用随机理论就可以进行解释。"这就像是从随机的角度来解释国家名称以字母K开头的国家之间不存在战争一样，特定时间内数目相

---

[1] Bruce Russett, *Grasping the Democratic Peace: Principles for a Post-cold War World*, Princeton: Princeton University Press, 1993, p. 30.

[2] Edward D. Mansfiled and Jack Synder, "Democratization and the Danger of War," *International Security*, Vol. 20, No. 1, 1995, pp. 5 – 38.

对少得多的民主国家之间发生战争的可能性也非常小",而这与是否民主没有关系。① 按照多伊尔对民主的定义,1900 年之前世界上仅有 13 个民主国家,1945 年时也只有 29 个民主国家,② 民主和平论者至少需要对 1945 年之前的民主和平现象做出更有力的排他性解释。

此外,还存在其他几种对民主国家之间很少发生战争的替代性解释。比如地理临近性。很多研究显示,绝大多数战争发生在邻国之间。③ 而斯莫尔和辛格的研究也暗示,民主国家之间之所以没有发生战争很可能是由于它们不存在共同的边界。④ 再比如国际制度、军事同盟和共同威胁等对和平的影响。以冷战期间的西欧国家间和平为例。当时的西欧各国除了相同的民主制度之外,还同时处在共同的欧共体的制度框架内,并且组建了以美国为首的北大西洋公约同盟体系,此外还面临着来自苏联的军事威胁,这些条件的同时存在要求民主和平论者做出更为精细的研究设计,排除这些可能的干扰变量的影响。

面对上述批评,民主和平论者对理论进行了必要的修正。比如欧文就尝试将现实主义和自由主义解释结合起来。他肯定权力政治

---

① John M. Owen, "How liberalism Produces Democratic Peace," *International Security*, Vol. 19, No. 2, 1994, p. 88.

② Michael Doyle, "Kant, Liberal Legacies, and Foreign Affairs," *Philosophy and Public Affairs*, Vol. 12, No. 3, 1983, pp. 210 – 211.

③ 该观点是理查森(Lewis Frye Richardson)在 1961 年首次提出来的。相关文献有:Lewis Frye Richardson, *Statistics of Deadly Quarrels*, Chicago: Quadrangle Books, 1961. David Wilkinson, *Deadly Quarrels: Lewis F. Richardson and the Statistical Study of War*, Berkeley and Los Angeles: University of California Press, 1980. J. David Singer. "Accounting for International War: The State of the Discipline," *Journal of Peace Research*, Vol. 18, No. 1, 1981, pp. 1 – 18. Diehl, Paul, "Geography and War: A Review and Assessment of the Empirical Literature," *International Interactions*, Vol. 17, No. 1, 1991, pp. 11 – 27. Stuart A. Bremer, "Dangerous Dyads: Conditions Affecting the Likelihoodof Interstate War, 1816 – 1965," *Journal of Conflict Resolution*, Vol. 36, No. 2, 1992, pp. 309 – 341.

④ Melvin Small and J. David Singer, "The War-Proneness of Democratic Regimes, 1816 – 1965," *The Jerusalem Journal of International Relations*, Vol. 1, No. 4, 1976, pp. 50 – 69.

在自由民主国家对外政策中的重要性，认为权力政治和自由主义共同推动了民主国家间的和平。① 对一些公认的民主国家开战的案例，他也从"认知"（perception）的角度给出了自己的解释。他认为 1812 年的美英战争和 1898 年的美西战争之所以会发生，原因不在于民主本身，而在于当时的美国政府和民众并不将英国和西班牙视为"自由民主国家"。② 拉希特针对民主过渡问题，也在理论上做出了让步，承认"民主越稳定，民主规范对民主国家的行为越具有约束力"。③

尽管做了一定的修订，但正像托克维尔所说，民主可能成为多数人的暴政。民主和平论的前提假定是公众是爱好和平和拒绝战争的，而历史和现实中毕竟不乏国家被公众绑架走向战争的例子。这或许是民主和平论的另一个潜在的漏洞。

思考题

1. 民主和平论的因果机制是什么？
2. 能否在历史和现实中找到民主国家之间发生战争的例子？

---

① John M. Owen, "How liberalism Produces Democratic Peace," *International Security*, Vol. 19, No. 2, 1994, p. 124.
② Ibid., p. 97.
③ Bruce Russett, *Grasping the Democratic Peace: Principles for a Post-cold War World*, Princeton: Princeton University Press, 1993, p. 35.

第十一章
新自由制度主义

新自由制度主义提出的背景

新自由制度主义的理论假定和研究问题

新自由制度主义的理论构建及其评价

新自由制度主义

新自由制度主义理论是自由主义范式的第三大理论,其核心概念是国际制度(international institutions)。国际制度指的是"一组持久的、相互关联的正式与非正式的国际规则,这些规则界定行为角色、约束活动并塑造预期",[①] 它有三种具体形式:一是正式的政府间组织和国际非政府组织。这些组织是有目的的实体,能够监测活动并对活动做出反应。作为官僚机构,它们还具有明确的规则和具体的分配安排。例如联合国是最大的政府间组织,国际红十字会是国际非政府组织。二是国际机制,它是各国政府商定的、涉及国际关系中某一特定议题的具有明确规则的制度。例如1944年布雷顿森林体系确立的国际货币机制,20世纪70年代确立的国际海洋法等都属于国际机制。三是国际惯例(conventions),它是有着非明确的规则和谅解,可帮助塑造行动者预期的非正式制度,能够使参与者相互理解,并且在没有明确规则的情况下协调他们的行为。例如,在被编纂成法典之前传统的外交豁免权就是一种惯例。此外互惠也是一种惯例。[②]

[①] Robert Keohane, *International Institutions and State Power: Essays in International Relations Theory*, Boulder: Westview Press, 1989, p. 3.
[②] Ibid., pp. 3–4.

第一节　新自由制度主义提出的背景

新自由制度主义出现的时间晚于商业自由主义和共和自由主义。它确立的标志是 1984 年基欧汉出版的《霸权之后》一书。在这本专著中，基欧汉明确提出了有别于贸易促进和平、民主促进和平的第三类促进和平的观点——国际制度促进和平。

一　时代背景

新自由制度主义出现的时代背景主要有三个：一是国家间经济相互依赖的增加导致了更多的潜在摩擦点。在基欧汉看来，到 20 世纪 70 年代，各国间虽然形成了较之以往更为密切的相互依赖关系，在发达国家群体中还出现了复合相互依赖的迹象，但国家间的纷争和冲突并没有因此而减少。不管是 70 年代发达国家和不发达国家之间发生的石油危机，还是美日发达国家间的经贸摩擦，都在提醒我们国际合作虽然有所增加，但相对于纷争而言，依然是匮乏的。究其原因，一个很重要的方面是国家为缓解国内压力而将调整成本转移施加于他国。"一些团体或者工业部门随着比较优势变化的发生，被迫承受调整的成本。各国政府对因之而来的保护需求会做出反应，通过多多少少有效的努力，去缓和那些在国内很有政治影响的集团和工业部门所面临的调整负担。然而这种单边的措施几乎总会将调整的成本施加到他国身上。"[1] 随着相互依赖和政府干预的持续增加，也就导致了更多的政策冲突的机会。

二是国际制度对合作带来的积极影响。第二次世界大战之后，国际合作显著增多，而与国际合作伴随出现的便是各种地区性的或

---

[1]　［美］罗伯特·基欧汉：《霸权之后：世界政治经济中的合作与纷争》，苏长和等译，上海人民出版社 2006 年版，第 54 页。

全球性的国际制度。欧洲地区，先后出现的煤钢共同体、欧洲经济共同体、欧洲原子能共同体以及后来的欧共体等组织都有效克服了西欧国家之间尤其是法德之间的矛盾，共同推动欧洲地区经济的复苏和国家间双边和多边合作的开展。不仅如此，关税及贸易总协定（GATT）等全球性国际制度安排更带来了广泛的国际经贸合作。例如，作为1948年政府间缔结的有关关税和贸易规则的多边国际协定，GATT通过制度设计，削减关税和其他贸易壁垒，消除国际贸易中的差别待遇，推动了第二次世界大战后的国际自由贸易。

三是回应美国现实政治的需要。20世纪60年代中期以后，美国在世界政治经济中的主导地位开始受到日益联合起来的欧洲力量和经济快速崛起的日本的挑战。1971年美元与黄金脱钩，战后以美元为中心的货币体系瓦解更被视为美国霸权衰落的标志。面对美国霸权出现的新变化，国际关系学者开始思考如果美国在经济政治领域中的相对实力真的在下降，那么美国的世界影响力是否会随之下降？美国霸权结束之后的国际政治是否会再次陷入纷争？

二 理论背景

新自由制度主义与相互依赖自由主义有着密切的关联性。从某种意义上说，新自由制度主义理论是相互依赖理论发展的一个自然结果。基欧汉和奈在《权力与相互依赖》一书中就已提到制度的重要性："相互依赖关系发生在调节行为体行为并控制其行为结果的规则、规范和程序的网络中，或受到该网络的影响。而这些对相互依赖关系产生影响的一系列控制性安排（governing arrangements）称为国际机制。"[①] 可以说，正是20世纪70年代相互依赖理论的发展为其后80年代新自由制度主义的诞生奠定了前期的理论基础。

---

① ［美］罗伯特·基欧汉、约瑟夫·奈：《权力与相互依赖》，门洪华译，北京大学出版社2002年版，第20页。

诚如克里斯·布朗（Chris Brown）和克尔斯滕·安利（Kirsten Ainley）所言，"国际机制（international regime）的概念产生于20世纪70年代国际关系的复合相互依存模式，并在80年代成为新自由主义者和新现实主义者辩论的主要焦点"。[①]

在新自由制度主义出现之前，自由主义范式的两大主要理论是相互依赖自由主义和共和自由主义。这两个理论都是中层理论和还原理论。而在这段时期，现实主义范式在华尔兹的努力下，已经发展出了国际关系学的第一个体系层次理论——新现实主义，在学界获得了空前的影响力。受新现实主义影响并在与新现实主义的论战中，以基欧汉为代表的自由主义学者开始着力探索体系层次的自由主义理论。新自由制度主义就在这一背景下产生了。

第二节 新自由制度主义的理论假定和研究问题

一 理论假定

在科学范畴下，不同理论要想进行有效对话，最好是能够遵循相同的理论假定和分析方法，这样能够避免"自说自话"，促进理论认识的深入。为了达到这种效果，新自由制度主义在创建之初就有意识地在很大程度上接受了新现实主义的理论假定与分析方法。具体体现在以下三个方面：

一是将国家视为世界政治中最重要的行为体。[②] 作为自由主义学者，基欧汉和奈曾经多次指出，像跨国公司这样的非国家行为体

---

① Chris Brown and Kirsten Ainley, *Understanding International Relations*, 3rd Edition, Houndmills: Palgrave Macmillan, 2005, p. 129.
② ［美］罗伯特·基欧汉：《霸权之后：世界政治经济中的合作与纷争》，苏长和等译，上海人民出版社2006年版，第24页。

都是世界政治的重要行为体。① 但在《霸权之后：世界政治经济中的合作与纷争》一书中，基欧汉接受了现实主义关于国家是国际体系主要行为体的观点，集中研究国家在国际体系中的行为，从而在研究对象层面将新自由制度主义与新现实主义统一起来。

二是假定国家为理性利己的行为体。理性是指行为者有一致的有序的多种偏好，在这些偏好下面，行为体为了达到效用最大化的目标，会估算自己各种行动的成本和收益，并选择收益和成本比最大的行动。② 这样，新自由制度主义就在不放宽现实主义假定，即不依赖利他主义的假定的情况下，进行理论的推演，尝试反驳新现实主义对国际政治的悲剧性判断。如果在理性利己的情况下国家都能够在一定条件下选择合作，那么在利他主义的情况下，合作将更加容易。

三是采用体系分析方法。新现实主义从体系层次入手研究国家行为的一般性结果，因此属于体系理论。基欧汉也认同体系方法在研究国际政治时的有效性，"第一，在单位层次上作因果分析是困难的，因为气质或特性因素只具有表面上的意义……第二，单单从'由内及外'的方法来解释国家的行为，会导致研究者忽视行动的背景问题"。③ 于是，同新现实主义一样，新自由制度主义也遵循体系层次的研究路径。不过，与新实现主义强调国际结构的作用不同，新自由主义强调进程的重要性，重在分析国际制度对国家行为的影响。④

---

① 例如，Robert Keohane and Joseph S. Nye, eds., *Transnational Relations and World Politics*, Cambridge: Harvard University Press, 1972.
② [美]罗伯特·基欧汉：《霸权之后：世界政治经济中的合作与纷争》，苏长和等译，上海人民出版社2006年版，第26页。
③ 同上书，第24—25页。
④ 同上书，第25页。

二 研究问题

新自由制度主义核心研究的问题是：在存在共同利益的情况下，世界政治经济中的合作是如何以及怎样组织起来的。①

基欧汉指出，存在共同利益并不必然带来合作。在无政府状态下，有时共同利益能带来合作，而有时则不能。为解决这一问题，有必要区分和谐、合作与纷争三者的不同。合作与和谐是两种看似相同实则不同的状态。在和谐状态下，"行为者的政策（追求自身利益而不考虑其他人）能够自动地促进其他行为者目标的实现"。②最典型的和谐状态的例子就是完全竞争性市场：通过"看不见的手"的调节，个体追求自身利益的行为自动地增加了社会的整体利益。也就是说，和谐是指在个体之间没有任何沟通协商的情况下，一方完全利己的行为不仅不会损害另一方的利益，还会增进另一方利益的实现。

与和谐不同，合作只有在政策协调的情况下才能出现。"通过政策协调过程，当行为者将它们的行为调整到适应其他行为者现行的或可预料的偏好上时，合作就会出现。"③ 谈判或协商是政策协调最主要的方式。谈判是讨价还价的过程，这意味着在此之前各方的行为并不处于和谐的状态。因此和谐"是非政治的，沟通是没有必要的，也不需要施加影响力。相反，合作是高度政治的，行为模式必须要作出改变"。④

纷争是指这样一种状态，"各国政府视彼此的政策为达到它们目标的障碍，并认为各自对政策协调上的限制因素都负有责任"。⑤

---

① ［美］罗伯特·基欧汉：《霸权之后：世界政治经济中的合作与纷争》，苏长和等译，上海人民出版社 2006 年版，第 4 页。
② 同上书，第 51 页。
③ 同上。
④ 同上书，第 53 页。
⑤ 同上。

具体来说，当每个行为者的政策都被其他行为者视为阻碍它们实现目标时，如果各方都不愿意做出政策调整，那么就会处于一种纷争状态；或者尽管各方都愿意做出政策调整，但是这种政策的变化并没有变得与他人的政策更加相容，纷争也会出现。

从这个意义上讲，合作与纷争有着更强的关联性，"如果没有纷争，那么就没有合作，只有和谐状态了"。① 因为"合作只会在行为者认为它们的政策处于实际或潜在冲突的情况下而不是和谐的情况下才会发生。合作不应该被视为没有冲突的状态，而应该被视为对冲突或潜在冲突的反应"。②

第三节　新自由制度主义的理论构建及其评价

新现实主义认为在无政府状态下，国家更加关注相对收益而非绝对收益，从而导致合作很难实现。而新自由制度主义则认为，国际合作的最大障碍是欺骗问题，国际合作的稀缺性类似于市场的失灵状态。在失灵的状态下，市场调节的互动结果是次优的，对所有各方都有好处的协议（即"合作"）不会产生。之所以会这样，"不是因为行为者自身的弱点或者缺陷，而在于整个体系的结构和制度。体系所强加的交易成本（包括信息成本）对行为者之间有效的合作制造了障碍"。③

市场失灵的一个典型的例子是"次品市场"（market for lemons）。根据阿克尔罗夫（Akerlof）的理论，在二手车市场上，由于买方并不清楚一辆旧车是保养良好的车还是次品，他们将坚持支付

---

① ［美］罗伯特·基欧汉：《霸权之后：世界政治经济中的合作与纷争》，苏长和等译，上海人民出版社2006年版，第11页。
② 同上书，第53—54页。
③ 同上书，第83页。

低于一辆质量较好的旧车真正价值的价格，以抵御可能因为受骗而买到劣质汽车的风险。这种做法会导致拥有保养良好旧车的车主不能以真正的价值出售旧车，他们因而不愿意交易，并最终退出市场。随着质好的产品逐步退出市场，市场上将只剩下次品。结果是：不仅那些想以给定价格买到一辆较好旧车的车主买不到好车，而且想以特定价格出售较好旧车的卖主的车也出售不出去。从这个交易过程中可见，因"商品质量的不确定性"或者更准确地讲，因信息问题引发的对欺骗的担忧使得交易双方最终无法实现有效的合作。那么如何解决这一问题呢？制度主义认为，制度要为合作的失败负责，只有建立起有效的制度才能促进合作。这就像在二手车市场上，在建立起基于良好信誉的汽车交易制度的情况下，由于信誉与价格挂钩，买卖双方更可能达成合作。

与二手车市场一样，基欧汉认为，无政府状态下国家之间之所以很难合作，根本原因同样在于欺骗问题。由于国家间彼此意图的不可知，使得一国不仅在合作之初就很难确定他国合作的真实意愿，而且在合作过程中也无法判断他国是否会搭便车或者违约，这在很大程度上阻碍了国家间的合作。要克服这个问题，同样需要从制度入手，解决信息问题和交易成本问题。

一 国际制度与合作

基欧汉认为，国际制度能够从三个方面克服国际合作的障碍，促进合作。第一，国际制度能够减少信息的不确定性。在国际合作中，信息的不确定性体现在信息的数量、质量和分配这三个维度。信息数量是指信息的充分程度，也就是一国是否拥有关于他国的足够的信息。如果信息不够多，对被欺骗的担忧就会上升，从而会阻碍接下来的可能的合作。而作为同一国际机制或国际组织的成员国，不仅能够因为成员国的身份而获取他国更多的公开信息，而且因为有着更为便利和顺畅的沟通渠道和平台，获取信息的途径和机会也会大幅增加。

信息的质量说的是信息的准确性。更多的信息不代表更高的信息准确性。政府需要得到准确、高质量的信息来做出科学的判断,[①] 国际制度恰恰可以帮助其成员国实现这一点。一项国际制度提供的信息也许并不充分,但往往相对更为准确。一国在加入一项国际制度时,只有提供制度所要求的对应条件的准确信息才有可能成功加入。例如,欧盟候选国的标准是:第一,以民主及法治国家为保证的制度上的稳定,保护人权,尊重和保护少数民族;第二,有效运行的市场经济,并能够承受欧盟内部的竞争压力;第三,必须在入盟前接受欧盟的法律,包括《欧洲联盟条约》关于政治联盟和经济货币联盟的规定。[②] 显然,对于申请入盟的国家来说,必须能够提供证明其政治是否民主,国家是否稳定,经济是否达标等相关问题的资料或数据才有可能被审核通过,这就保证了国际制度提供给各成员国的有关他国的信息的准确性。不仅如此,有效的国际制度将促进官方非正式的接触和交流,产生跨政府的友好沟通网络:一个政府的机密文件可能被另一个政府的官员看到;专业人士的重要国际性交流能够表明国家政策预期目标和主张,等等。这样,通过这些跨政府的关系,为决策者提供了关于其他国家可能行动的可靠信息,从而增加了彼此合作的机会。[③]

国际制度不仅能解决信息的数量和质量问题,还能减少信息分

[①] 按照基欧汉的说法,这些准确的信息包括"其可能的伙伴对一种特定形势的内部评价,其意图和态度,偏好的程度,以及在相反的未来环境下它们愿意支持一项机制的程度等"。参见[美]罗伯特·基欧汉《霸权之后:世界政治经济中的合作与纷争》,苏长和等译,上海人民出版社 2006 年版,第 95 页。

[②] 详见 Bulletin of the European Communities, Vol. 26, No. 6, 1993, http://aei.pitt.edu/65710/1/BUL357.pdf.

[③] 参见 Robert O. Keohane and Joseph S. Nye, "Transgovernmental Relations and International Organizaitons," World Politics, Vol. 27, No. 1, 1974, pp. 39 – 62. Robert O. Keohane, "The International Energy Agency: State Power and Transgovernmental Politics," International Organization, Vol. 32, No. 4, 1978, pp. 929 – 952.

配中的不对称问题。制度经济学家威廉姆森认为，一些行为者可能比其他行为者对一种形势所占有的信息更多，因此在它们之间产生的谈判结果可能就是不公平的，"局外者"将不愿与"局内者"达成一致的协议。① 由于一方比另一方拥有的更多的信息和知识，因此前者更有能力操纵一种关系或者成功地实施欺骗行为，这也构成了达成协议的一个重要障碍。对于这个问题，国际制度能够作为公正信息的提供者，提供相对对称的信息，其成员可以平等地获取所需的信息。"通过不断提高可获取信息的总体质量水平这一过程，国际机制减少了信息的不对称性，从而降低了环境的不确定性"。②

第二，国际制度能够降低谈判的交易成本。一项国际制度往往包括多个议题，议题与议题之间相互联系，因而形成了制度性的网络。如果国家间能够接受制度所规定的内容进行谈判，那么就某一特定议题进行谈判的成本可能会有所增加，但在其他议题上的谈判成本则会下降。对一个国家来说，其合法谈判的总体成本会下降。比如，在 GATT 的条款中，有禁止对成员国采取歧视性贸易的规定。假设 A 国和 B 国在纺织品领域进行谈判，如果双方都能按照原则规定的内容，采取非歧视待遇，可能的结果是其中一方的合法谈判成本要高于另一方，因为两国的实力优势不可能绝对平均。对成本高的一方来说，它虽然在非优势的纺织品领域谈判成本升高，但是在其他的优势领域则会因遵守原则、合法谈判而付出更低的成本。如果用囚徒困境来解释，这种议题间的联系就相当于使得国家间的单次博弈转变为多次博弈。囚徒困境单次博弈的纳什均衡结果是不合作，但在重复的囚徒困境博弈中，理性的博弈者就有可能选

---

① Oliver Williamson, *Markets and Hierarchies: Analysis and Anti-Trust Implications*, New York: The Free Press, 1975, pp. 31–35.

② [美] 罗伯特·基欧汉：《霸权之后：世界政治经济中的合作与纷争》，苏长和等译，上海人民出版社2006年版，第95页。

择合作，因为背叛行为从长远来说是得不到回报的。① 在制度框架下，谈判双方在一个议题上的谈判如果违反了制度原则，将会在其他议题上遭到其他国家的报复，这将迫使制度参与者遵守制度规则，进而促进彼此合作。

第三，国际制度还降低了协商谈判的成本。在既定的机制框架下达成协议会相对更加方便。那些包括了国际组织的国际制度，为会议和秘书人员提供了沟通平台，进而成为达成协议的重要激励因素。不仅如此，国际机制的原则和规则还可以被运用到更多的议题领域：每次当一个新的特定问题产生时，先期确立的规则和原则使各方不必再去围绕它们进行重复的谈判。这样就使得追加一个议题的边际成本降低了。② 而这些都有助于合作的达成。

总的来说，国际制度通过减少信息的不确定性，降低合法交易的成本，增加非法交易的代价，以及降低协商谈判的成本与边际成本，推动了国家间的合作。

二　国际制度与霸权

霸权稳定论（Hegemonic Stability Theory）强调霸权对国际合作的重要性，它有两个核心的命题：一是国际秩序的建立要依赖霸权国家的存在，其中国际制度是国际秩序的最主要的组成要素；二是国际制度的维持需要霸权国家的持续存在，霸权衰落后原有的国际合作将很难继续。新自由制度主义对这两个观点都提出了挑战。

首先，国际秩序/制度的建立并不必然需要霸权国家的存在。霸权国家的存在既不是这种合作性关系出现的必要条件，也不是充分条件。英国是 19 世纪中后期的霸权国家，它虽然非常希望推行

---

① Russell Hardin, *Collective Action*, Baltimore: The Johns Hopkins University Press for Resources for the Future, 1982, p. 145.
② ［美］罗伯特·基欧汉：《霸权之后：世界政治经济中的合作与纷争》，苏长和等译，上海人民出版社 2006 年版，第 91 页。

自由贸易原则，建立自由贸易制度，但它依然无法在其权力最鼎盛的这段时期要求欧洲大陆强国去接受和保持自由贸易的政策。① 可见，霸权国家的存在并不是国际制度建立的充分条件。不仅如此，它同样不是国际制度建立的必要条件。认为霸权是国际制度建立的必要条件的人的理由是，只有霸权国家有能力并且有意愿提供这种国际公共物品，其他国家则会选择搭便车。然而，提出"集体行动困境"理论的奥尔森本人也指出，小集团可能因为特殊的利益而愿意集体提供公共物品。② "当不存在霸主的情况下，如果条件有利的话，同样的报酬和惩罚也会被提供出来，这种结果一定是由相对小数量的行为者所决定的，它们能够监管彼此对规则和惯例的遵守情况，并使其他政府的福利取决于对协议和谅解的持续遵守。"③ 也就是说，有少数成员的群体的紧密互动能够补充甚至替代一个霸主的行动，从这个意义上讲，霸权国也不是国际制度产生的必要条件。基欧汉认为，国际制度之所以会出现，并不是霸权国家主动供应的结果，而是因需求而产生的。

其次，国际制度建立以后，合作并不必然需要一个霸权领导者的存在；霸权后的合作是可能的。④ 霸权稳定论的基本推论是国际制度是霸权国建立起来的，所以国际制度的维持也要依赖于霸权国的持续存在；当霸权国家不存在了，它所建立起来的国际制度也就无法维持下去，国家间合作也无从实现。基欧汉对此认为，霸权的衰落和国际制度的崩溃之间存在一个"时间间隔"。⑤ 也就是说，

---

① [美] 罗伯特·基欧汉：《霸权之后：世界政治经济中的合作与纷争》，苏长和等译，上海人民出版社2006年版，第35页。
② Mancur Olson, *The Logic of Collective Action*, Cambridge: Harvard University Press, 1965.
③ [美] 罗伯特·基欧汉：《霸权之后：世界政治经济中的合作与纷争》，苏长和等译，上海人民出版社2006年版，第79页。
④ 同上书，第31页。
⑤ 同上书，第101页。

霸权的衰落并不会立刻导致其建立的国际制度的崩塌。由于既存机制存在的惯性，制度还会存续一段时间。在这期间，国际制度将继续发挥促进合作的功能，确保霸权之后国家间的合作与和平。在这里，基欧汉修正了传统的霸权稳定论："与其说是霸权国家，还不如说是霸权国家倡导下的国际机制，确保着世界政治经济中的合作与和平"。[1]

三　国际制度的遵守问题

那么，为什么由霸权国主导建立起来的国际制度会得到其他国家的遵守，甚至在霸权衰落之后还能继续运转一段时间？要回答这些问题，就需要考察国际制度是如何影响理性利己的政府对本国利益的计算的。

首先是既有制度的价值。如前所述，国际制度能够降低不确定性和高额交易成本带来的障碍，因而有助于促进合作的达成。而在无政府状态下，各国又迫切需要通过彼此间的合作来应对安全、经济等领域的各种威胁，增进本国的利益。由于单个行为体在克服不确定性和交易成本问题上面临极大的困难，因此遵守国际制度的规则要求，维持国际制度的持续运转，对国家来说是一种理性选择。

除了制度的功能之外，既有制度的价值还体现在重建成本上。如果重建一个更有利于自身利益的国际制度是非常容易的话，那么既有制度的价值就会下降，遵守既有制度的动力就会减弱，国际制度的维持也将面临挑战。但事实上，建立一项制度的成本是巨大的，巨大到要么只有霸权国才能负担得起，要么只有少数几个大国共同承担才能负担得起。此外，新制度的建设本身还需要很长的周期。在新建制度成本非常高昂的情况下，对各国来说，加入并遵守

---

[1] 苏长和：《解读〈霸权之后〉》，载［美］罗伯特·基欧汉《霸权之后：世界政治经济中的合作与纷争》，苏长和等译，上海人民出版社2006年版，第7页。

一个不能使自身利益最大化的现有制度至少比游离在制度体系之外更有利于自身利益的实现。就如基欧汉所说,"协议和机制构造的高成本,使它们变得非常重要;而机制建设的高成本有助于既有机制的延续"。①

其次是议题和制度网络的作用。如果说既有制度的价值给各国加入和遵守现有的国际制度创造了激励因素的话,议题间和制度间所形成的网络则使国家不敢轻易退出已有的国际制度。具体而言,通过议题间和制度间的联系产生的社会压力,使各国政府必须信守自己的承诺。因为如果违反了国际规则,其他政府将注意到这种行为并给予这种行为以负面的评价,甚至还会采取报复性的措施。②比如,在关贸总协定的制度框架内,某一成员国有可能因为国内相关产业的竞争劣势,而试图对某些产品实行进口配额限制以获得短期收益。但当它考虑到制度网络化下某一领域违反制度原则的行为将使自己在其他领域遭到报复性行动并导致自身的长期利益受损时,放弃违反制度的行为、遵守现有制度的规定,将是该国最理性的选择。

不过,这种因关联而遭受报复性惩罚的现象在国际政治中并不太多见。虽然"一报还一报"战略能有效地促进合作的出现,但是这类惩罚却不太容易实现。放到整个制度体系内,惩罚行为本身实际也是一个"集体行动"的问题。如果某一国家违反特定规则的行为对某些国家并无太大的影响,或者报复的成本太高,那么这些报复性措施就不太可能被严格地执行下去。根据学者的研究,到1983年,GATT的报复条款仅仅运用了一次,而且这次行动还是无

---

① [美]罗伯特·基欧汉:《霸权之后:世界政治经济中的合作与纷争》,苏长和等译,上海人民出版社2006年版,第103页。
② 同上。

效的。① 这意味着，在实践层面，对具体违反行为的报复可能不是维持国际制度的可靠途径，或者说如果对国际制度的遵守完全依赖于对违反者的具体报复，那么这样的制度实际上是虚弱的。②

在保证国际制度被遵守的过程中，先例和声誉起到了关键性的作用。在缺乏具体报复的情况下，对树立坏的先例和声誉受损的担忧使得各国政府有强烈的动机遵守制度。而且这种驱动不仅是对那些于国家而言有利可图的制度，即使在某些遵守的成本大于遵守的收益的特定情况下，国家仍会遵守机制的规则，这是因为：一方面，树立坏的先例可能带来"公害"。因为自己对规则的违反可能促使其他政府也会去违反规则，从而带来"公害"，而公害对单个政府效用的影响很可能会超过其违反规则所得的收益。另一方面，违反规则会使违规者树立起坏的声誉，而坏的声誉会使违规者在网络化的议题中付出实实在在的代价。在存在不确定性的情况下，各国政府决定和谁，以何种条件达成协议，在很大程度上将取决于对其他参与者信守诺言的意愿和能力的评估，而这与其他国家过去的行为直接相关。良好的声誉会使政府更易于加入那些可从中受益的国际制度，而那些声誉不佳者则会被排除在制度框架之外。

总的来说，由于上述两方面的原因，国际制度倾向于不断演化而不是终结。即使最初建立制度的霸权国实力明显衰落，甚至国家遵守制度的成本大于短期的收益，考虑到国际制度本身的价值、重建国际制度的高昂成本，以及违背承诺对声誉的损害和可能遭到的报复行为，遵守国际制度仍然是理性的选择。"这种明显的自我抑

---

① John Jackson, *Seminar on International Trade Bargaining*, Harvard University, December 1, 1983. 转引自［美］罗伯特·基欧汉《霸权之后：世界政治经济中的合作与纷争》，苏长和等译，上海人民出版社 2006 年版，第 104 页。
② ［美］罗伯特·基欧汉：《霸权之后：世界政治经济中的合作与纷争》，苏长和等译，上海人民出版社 2006 年版，第 104 页。

制恰恰反映了理性的利己主义。"①

总之，新自由制度主义在承认国家是理性利己行为体假定的前提下，论证了无政府状态下国家依然可以（借助国际制度）实现合作。而在现实的国际政治中，国家在很多情况下还不是完全理性行为体，而是有限理性行为体，甚至有些时候还存在某种程度的利他倾向，如果从有限理性和利他的假定出发，国家间的合作将更为可能和容易。一方面，作为有限理性行为体，受限于自身有限的计算能力，国家更加愿意依赖国际制度所提供的便利来减少计算和决策的成本。这样不仅国家间的合作将更容易受国际制度的引导，而且制度本身也将更容易维持下去。另一方面，如果国家行为含有利他倾向，认为自身的福祉依赖于他国的繁荣，那么不仅国际制度将更容易构建，而且制度下的合作也将变得更加顺畅。总之，如果放宽理性利己的假定，那么国家间的合作将会更加容易。

关于新自由制度主义与现实主义的关系问题，如基欧汉自己所说，他并不是要用国际制度理论来取代现实主义，"并不企图否认现实主义所有论点的正确性，或提出全新的'自由主义'理论来替代现实主义。我们的目标是，寻求建立一种看待世界政治的方法，帮助我们理解政治与经济的关系、制度化国际合作的模式，同时保留现实主义关于世界政治中权力和利益作用的核心洞见"。②"仅仅依靠这些（现实主义），对理解世界政治还是不够的。它们还需要由强调国际制度的理论来补充……即使我们完全了解权力和利益的重要意义，如果不了解行动的制度背景，也许是不能完全说明国家行为的根源的（以及跨国行为体的行为）"，③而国际政治的

---

① [美] 罗伯特·基欧汉：《霸权之后：世界政治经济中的合作与纷争》，苏长和等译，上海人民出版社2006年版，第106页。
② [美] 罗伯特·基欧汉、约瑟夫·奈：《权力与相互依赖》，门洪华译，北京大学出版社2002年版，中文版序言第39页。
③ [美] 罗伯特·基欧汉：《霸权之后：世界政治经济中的合作与纷争》，苏长和等译，上海人民出版社2006年版，第12—13页。

现实也表明，国际机制不过是权力链条上新的一环，"其作用是赋予政府以权力，而不是束缚政府的行动"。①

四 对新自由制度主义的评价

新自由制度主义是自由主义范式中科学化水平最高的理论，它也在20世纪八九十年代扛起了与新现实主义论战的大旗。与强调物质性权力根本性作用的现实主义有所不同的是，新自由制度主义在承认物质因素的基础上，将制度、规范等属于社会范畴的非物质性概念引入国际关系研究，并作为解释国家间合作的主要自变量。新自由制度主义所做的这一努力也对20世纪90年代强调观念第一性的社会建构主义的兴起产生了重要的助推作用。此外，在方法上，新自由制度主义突破了结构现实主义的静态分析方法，关注国际进程对国家行为的影响。国际制度是不断演化的，随着国际制度的改变，国家的行为也将随之发生变化。这种动态的视角是对原有静态研究的一个改进。

当然，新自由制度主义在经验证据和研究设计上仍然存在一些问题。经验证据上，它面临的最大挑战就是理论尚未得到现实的检验。新自由制度主义的核心观点是有霸权衰落之后国家间的合作仍是可能的。然而，20世纪80年代的美国其霸权优势并没有真正减弱，而且在冷战后还成为世界上最强大的国家。在美国霸权尚未真正衰落的情况下，无法证实或证伪新自由制度主义关于霸权后国家间合作的观点。

研究设计上，则存在案例选择不均衡的问题。新自由制度主义在论证国际制度推进国家间合作时，更多使用的是贸易和金融领域合作的案例，而较少提到安全领域的例子。例如，在《霸权之后》

---

① ［美］罗伯特·基欧汉：《霸权之后：世界政治经济中的合作与纷争》，苏长和等译，上海人民出版社2006年版，第11页。

一书中，基欧汉最经常提到的就是 GATT 框架下的国家间经贸合作的案例。但在国际关系领域，安全合作和经贸合作有着明显的不同。国家对军事安全领域的合作会更加的谨慎。因为这里不仅有现实主义所强调的相对收益的考虑，还有避免刺激第三方和避免军事牵连的考量。显然，经济领域合作的逻辑不能直接推广至安全领域。在没有考察足够多的安全领域的案例的情况下，声称国际制度能促进国家间合作的说法很难令人完全信服。

总的来说，新自由制度主义对现实主义的挑战很难说是根本性的。它虽然关注理念，但仍然强调权力的第一性，认为制度附属于权力之上；它虽然关注变化，但却基本未涉及有关制度变迁的讨论。诚如基欧汉所说，新自由制度主义最重要的贡献是补充解释了现实主义范式所忽略的国际合作问题。

思考题

1. 新自由制度主义认为制度能够促进合作的原因是什么？
2. 新自由制度主义在哪些方面挑战和超越了新现实主义？

第十二章
建构主义

建构主义的基本理念

温特的建构主义理论

建构主义的实证研究及其批判

建构主义

　　建构主义是国际关系理论的第三大范式。与现实主义和自由主义不同的是，在本体论上，它强调观念的本原性，这使得它与前两个范式有着最大的不可通约性。但其坚持科学实在论的做法，又使得三者在认识论层面寻找到了一定的共性。20世纪90年代后期，在以温特为代表的温和建构主义学者遵循系统的研究方法，从实证出发，对国际关系学科的最大命题——战争与和平问题做出了不同于以往的、突破性的回答之后，建构主义成长为国际关系理论中公认的新的范式理论。

第一节　建构主义的基本理念

　　与现实主义、自由主义更多沿袭和借鉴经济学的分析路径不同，建构主义国际关系理论主要迁移了社会学的概念和理论。理论来源上的不同，导致了建构主义与其他国际关系理论范式的差异不只是具体观点层面的，而更是世界观层面的。这种差异是真正意义上的"不可通约"的"范式性"差异。对于不熟悉社会学理论的国际关系学者和学生来说，在最初接触和学习建构主义理论时，容易对大量陌生的社会学概念感到迷茫，不容易跟上建构主义理论家们的论述思路。为此，这里有必要首先简要介绍社会学的一些基本理念。

第一，人类社会与自然世界本质上是不同的。主流经济学的一个重要的隐含假定是，人类社会和自然世界在本质上是相同的或者至少是相似的。主流社会学在这一点上与主流经济学存在根本性分歧。社会学家一般认为，人类社会与自然世界在本质上是不同的。自然世界独立于人的行动和认识而存在，无论人们是否认识到地球围绕太阳转、月球围绕地球转，也无论不同的人对这个问题是否达成了共识，都不会影响这些天体的运动状态。然而人类社会从其存在的那一刻起，就没有也不可能独立或超越于生活在其中的人们的思想观念而存在。黄金之所以成为一种货币，是因为人们主观赋予了它货币这种社会功能，并且所有社会成员对"黄金可以作为一般等价物"这一点达成了共识。因此黄金作为一种货币，是社会建构的产物。如果没有人，或者大多数人不再认为黄金可以作为一般等价物，那么化学元素符号为 Au 的这种金属会继续存在，但以这种金属为载体的货币将不复存在。

第二，根本上决定人类社会的是观念和文化（而不是客观物质）。在社会学看来，人类社会是一种主体间领域（intersubjective domain），是基于社会成员之间的共有知识、共同理解建立起来的，任何社会事物都只有对缔造它、理解它的人们来说才是有意义的。在中国，当众焚烧五星红旗会被认为是一种不可原谅的罪过，但在某个遥远的海岛国家的居民眼中，五星红旗不过是一面画有五颗黄色星星的红色旗子。耶路撒冷被信奉犹太教和伊斯兰教的人视为圣城，许多以色列人和巴勒斯坦人为了捍卫该城市甚至甘愿牺牲自己的生命，但在不信奉这些宗教的中国人看来，耶路撒冷只是世界众多文化旅游景点中的一个。因此，人类社会本质上是观念性的、文化性的。区别一个社会和另一个社会的，不是任何自然和客观存在，而是它们的文化以及以文化为基础的各种社会建构的产物（比如制度）。居住在纽约和北京的人，尽管同样都使用相同品牌的手机、穿相同款式的服装、开相同制式的汽车，但他们依然会明显感受到他们身处于不同的社会，这种感受直接源于纽约和北京迥异的社会文化。

第三，文化产生于社会成员之间的互动，但任何一个单独的社会成员都无法决定该社会的文化。文化是一种社会成员之间的共有观念。"共有观念"的意思是，某种观念不是某个或某些个体所私有的，而是所有社会成员所共有的。这里的"共有"有两层含义：一是所有社会成员都拥有相同的观念；二是所有社会成员都知道其他成员拥有与自己相同的观念，并且知道其他成员知道自己拥有这种观念。① 显然，每个社会成员的私有观念不需要与其他成员互动就能产生，但私有观念变成共有观念，却非依赖长期的、密集的、稳定的社会互动不可。同时，共有观念虽然源于一个个社会成员的私有观念，但它一旦成为共有观念，就将摆脱任何一个具体社会成员个人的私有观念而具有相当程度的独立性。比如，尽管某些中国人过春节时不贴春联，但这并不影响春节要贴春联这种中国文化。

第四，文化会影响社会成员的行为。社会科学的一项根本任务是解释和理解人的行为。在这个问题上，经济学和社会学这两大社会科学学科所采取的路径存在根本不同。在经济学看来，一个人之所以会做某事是因为做该事对他有利；而在社会学看来，一个人之所以会做某事是因为社会文化以及文化所包含的规范、规则规定了他应该这么做。具体来说，社会学认为，社会文化的差异会导致居

---

① 这里类似于博弈论中的"共同知识"（common knowledge）概念。"共同知识"是指，A 和 B 都掌握某个信息，并且双方都知道对方掌握该信息，并且双方都知道对方知道自己掌握该信息，以此类推，就像两个对面放置的镜子，会对处于中间的物品反射出无穷多个镜像。是否具备"共同知识"，会对行为体行为产生巨大影响。在谈恋爱过程中，情侣双方尽管各自都知道自己爱对方，但仍有可能不知道对方是否爱自己。即使知道对方爱自己，也有可能不知道对方是否知道自己爱对方，也有可能不知道对方是否知道自己知道对方爱自己。在防止社会动乱时，政府往往要限制个人通信和信息发布，其目的之一就是防止"发起动乱"这一信息变成所有有意发起动乱的人的"共同知识"。

住于不同社会的人在面对同样的外部刺激时会采取不同的行动。同样面对已成年的子女，纽约人会选择让子女完全独立并不再负担子女的任何经济开支，而北京人则会选择继续为子女的购房、抚养第三代等提供经济和人力帮助。纽约人和北京人都认为自己的做法是理所当然的，他们都不会去思考自己为什么要这么做。这就是建构主义所说的社会文化对社会成员行为的建构性影响。

第五，理解人类社会和理解自然世界的方法不同。如上所述，社会学家通常认为人类社会和自然世界是不同的，因此社会学通常反对直接用自然科学方法研究社会现象。激进的社会学理论流派甚至否认存在客观唯一的关于社会的知识，认为研究者的任何试图认识社会的努力都会改变社会事实本身，或者认为研究者无法独立于其所研究的社会现象，因而不可能像自然科学那样进行客观的外部观察和分析，而最多只能对社会现象做出基于主观体验的诠释或理解。当然，当前主流的社会学研究越来越强调实证方法，坚持科学实在论。但社会学理论的方法论与经济学理论的思路完全不同。经济学主要遵循从个体到整体的思路，从个体是理性的这个根本假定出发，分析在特定的资源约束条件下个体会如何行动，以及由此会带来什么样的整体性后果，这就是所谓的个体主义的方法论。社会学则遵循从整体到个体的思路，从一个社会的整体文化（社会学理论很多时候将社会主导文化称为"结构"）出发，探究该文化会如何塑造处于该文化下的个体的偏好和行为，这是所谓的整体主义的方法论。

建构主义国际关系理论，在很大程度上就是将上述这些理念引入到了国际关系领域，只不过将一般意义上的社会和社会成员替换为了国际社会和国家。把握住上述这几点理念，就把握住了建构主义理论的核心思想。

第二节 温特的建构主义理论

自 1989 年建构主义一词被尼古拉斯·奥纳夫（Nicholas Onuf）引入国际关系学以来，建构主义理论迅速发展并出现了多种不同的派别。[①] 其中，温特的建构主义理论是建构主义阵营中公认的发展最为成熟和系统的，同时也是与其他范式互动、对话最多的理论。因此，本节将重点介绍温特的建构主义思想。温特试图走一条弥合理性主义和反思主义思想鸿沟的"中间道路"，因此他称自己的建构主义为"温和"建构主义。这条"中间道路"体现在，本体论上，该理论坚持观念主义，反对物质主义；认识论和方法论上，坚持科学实证主义和整体主义，反对后实证主义和个体主义。

温特建构主义的基本思想主要借鉴了社会学中的结构化（structurationist）和符号互动（symbolic interactionist）理论。[②] 安东尼·吉登斯（Anthony Giddens）最早提出了结构化的概念。他认为，结构约束行为体，同时行为体能够思考认识结构并用新的方式影响甚至改变结构；行为体与结构之间是一种相互建构、相互影响的关系，而不是彼此分离、相互独立的。结构化理论对温特建构主义的直接影响体现在，后者将国家视为有意识的行为体[③]，具有主

[①] 很多学者都尝试对建构主义的派别进行划分。例如，约翰·鲁杰（John Ruggie）将建构主义划分为新古典建构主义（neo-classical constructivism）、后现代建构主义（postmodernist constructivism）与自然建构主义（naturalistic constructivism）；卡赞斯坦、基欧汉和卡拉斯纳将建构主义划分为传统建构主义、批判建构主义和后现代建构主义三个派别，等等。参见：John Gerard Ruggie, "What Makes the World Hang Together? Neo-utilitarianism and the Social Constructivist Changes," *International Organization*, Vol. 52, No. 4, 1998, pp. 881–882; Peter J. Katzenstein, Robert O. Keohane, and Stephen D. Krasner, "International Organization and the Study of World Politics," *International Organization*, Vol. 52, No. 4, 1998, pp. 674–678.

[②] [美] 亚历山大·温特：《国际政治的社会理论》，秦亚青译，北京大学出版社 2005 年版，第 1 页。

[③] 同上书，第五章。

观能动性，能够通过彼此间主动的互动改变国际体系的结构。符号互动论的基本观点是身份及其相应的利益是后天习得的。① 自我在与社会其他成员有意识、有目标的互动过程中，建构了自我的身份和利益。持续的互动会进一步加强业已习得的身份和利益。符号互动论对温特建构主义的最大影响体现在，后者反对理性主义所坚持的国家身份和利益是给定的观点，认为在互动过程中，国家的身份是可以发生变化的，而身份建构利益，因此利益也是可变的。

一 以国家为中心的体系理论

在温特看来，国家依然是现代世界政治中占主导地位的行为主体，② 因此他的理论坚持国家中心论，将国家作为分析的首要单位。同结构现实主义和新自由制度主义一样，温特建构主义也属于体系理论。它从体系层面入手，研究体系结构对主权国家的影响。但温特理论所说的"结构"与结构现实主义所说的"结构"不同，前者是指社会意义上的结构，是观念的分配（distribution of ideas）而非物质实力的分配。

在建构主义看来，观念是国际体系结构最重要的组成部分。如前所述，观念又被称为共有观念或者文化。因此，体系结构可以简单理解为体系文化。所谓共有观念，指的是个体之间共同的和相互关联的知识和信念。共有观念构成了行为体所处的情境。随着内化的深入，共有观念会建构行为体的身份和利益。就共有观念的性质而言，它既可能是冲突性的，也可能是合作性的。如果一段时期，国际体系的共有观念是互不信任、相互猜疑，类似于安全困境，那么军备竞赛乃至军事冲突就会成为国家的常态行为；相反，如果共

---

① ［美］亚历山大·温特：《国际政治的社会理论》，秦亚青译，北京大学出版社2005年版，第320页。
② 同上书，第8页。

有观念是一种高度的相互信任,类似于多元安全共同体,那么合作就可能成为国家的主导性行为。

除了共有观念外,物质力量也是社会结构的组成部分。温特的建构主义不否认物质力量的存在,也在一定程度上承认物质力量具有一定的独立作用,"它为所有行为体圈定了可能采取的行动限度,规定了采取实际行动时各种可行方案的代价"①,但总体上,温特认为物质力量的作用是有限的,物质性因素只有通过社会结构才能对行为体行为产生有意义的影响。例如,温特指出,英国拥有500枚核武器对美国的威胁还不如朝鲜拥有5枚核武器的威胁大。在这里,美英之间的共有观念是,对方是自己的朋友;而美朝之间的共有观念是,对方是自己的敌人。正是这种共有观念层面而非物质层面的不同,导致了美国对英朝两国核武器的不同反应。总体而言,温特的建构主义是一种"弱式"物质主义,它坚持观念主义的本体论,同时又有限度地承认物质力量的作用。

二 结构和行为体的互构

温特认为,结构不仅像结构现实主义所说的那样能够对行为体的行为产生因果作用,还能够建构行为体的身份和利益。以结构现实主义和新自由制度主义为代表的理性主义理论假定,国家的身份和利益是给定的并且外生于国际体系结构。温特则认为,国家的身份和利益来源于国际体系的后天建构。同时,不同身份和利益的国家及其互动也建构了国际体系的结构。国际结构与国家之间是一种互相建构的关系。

(1) 结构建构行为体的身份和利益。身份是有主观能动性的行为体的基本社会属性,这种属性决定了行为体的行为动机和行为

---

① [美]亚历山大·温特:《国际政治的社会理论》,秦亚青译,北京大学出版社2005年版,第111页。

特征。身份由内在和外在结构建构而成,它既源于行为体自己对自我身份的领悟,也常常依赖于其他行为体对一个行为体身份的认知与这个行为体自我领悟这两者之间的一致。① 温特将身份分为四类:个人或团体身份、类属身份、角色身份、集体身份。其中,个人身份——如果是组织则为团体身份——是由自行组织、自均衡的结构建构的,这种结构使行为体得以成为独立的实体。行为体只有一个这样的身份。这种身份总有着物质基础,对人来说是他的身体,对国家来说是诸多个人和领土。个人/团体身份对于他者来说是外生的。② 类属身份用来指一种社会类别。一个行为体可以同时拥有多种类属身份,比如民主国家、发达国家等。类属身份包含一定的文化属性,但从根本上说,类属身份仍然主要取决于行为体自身。相比之下,角色身份包含更多的文化属性,因此不再内生于行为体,而是存在于和他者的关系之中。学生之所以成为学生、老师之所以成为老师,并不是因为有什么先天特征,而是因为他们在社会结构中所处的相对位置。一个人单凭自己无法决定自己是学生还是老师。集体身份涉及自我和他者的相互认同。认同是一个认知过程,在这个过程中自我和他者的界限逐渐模糊直至消失,自我被"归入"他者。③ 这四种类型的身份,都在不同程度上影响着行为体的利益。利益这里可以简单理解为行为体的需求。④ 利益是以身份为先决条件的。行为体在知道自己是谁之前不知道自己需要什么,因此身份建构了利益。而除了第一种身份,其他三种身份又都

---

① [美]亚历山大·温特:《国际政治的社会理论》,秦亚青译,北京大学出版社2005年版,第220页。
② 同上书,第220—221页。
③ 同上书,第221—224页。
④ 严格来说,温特区分了利益(interest)和需要(need)。需要根植于人的自然属性,包括生理需要、生存需要、发展需要和本体安全需要等。利益则是指所有能够满足自身需要的资源、途径和条件。需要是先天的、内生的、不变的,而利益则是后天的、外生的、可变的和受社会结构建构的。参见[美]亚历山大·温特《国际政治的社会理论》,秦亚青译,北京大学出版社2005年版,第127—131页。

不同程度地受到体系文化的建构。

温特认为，社会文化或者说体系结构对行为体身份的建构有两种路径：一种是自然选择，另一种是文化选择。自然选择是指个体因再造能力不同，在资源匮乏的环境中或遭到淘汰或得以成功再造。自然选择不要求认知、理性或意图性，所以这是一个物质过程，是在行为体无所知觉的情况下进行的。[1] 文化选择是指通过社会习得、模仿或其他类似的过程，将决定行为的因素从个体到个体，因之也就从一代人到另一代人，进行传播。[2] 文化选择是一种社会化进程，有两种基本逻辑：模仿和社会习得。模仿是通过复制成功行为体的行动，获得身份和新的利益。社会习得是指行为体通过与他者的互动，确认他者对自我的定位，并根据他者的行为做出相应反应，从而习得并进一步加强获得的身份和利益。文化选择是身份形成的最主要路径，从某种意义上讲，国家身份和利益的形成是社会实践的结果。

（2）行为体建构结构。不仅结构建构行为体，温特建构主义还强调行为体同样建构着结构。当初次相遇的两个国家，经过一段时间的互动之后，就会至少部分地将原有的私有知识转变成为双方的共同知识。当这种共同知识成为体系中越来越多的成员的知识，并最终达到"倾斜点"（tipping poit）时，就会成为集体知识，即体系文化，即建构主义所说的国际结构。不同的初始行为以及不同的互动方式和互动过程，会建构出不同特征的国际体系文化。从这个意义上说，国际体系结构不是唯一的，也不是固定不变的，而是多样的并且是会发生变化的。

具体而言，温特将体系的文化结构划分为三类，分别是霍布斯

---

[1] [美] 亚历山大·温特：《国际政治的社会理论》，秦亚青译，北京大学出版社2005年版，第315页。

[2] 同上书，第318页。

文化、洛克文化和康德文化。① 在霍布斯文化中，国家将彼此视为敌人。在这种结构下，行为体的行为逻辑就是杀戮或被杀，从而导致"所有人反对所有人的战争"，处于这种文化结构下的国际体系，才是真正的自助体系。② 在霍布斯文化下，国家的相对军事实力至关重要，国家通常以最坏的情况做准备，并会采取强烈的改变现状的方式对待敌人，在此过程中会无限制使用武力。③ 国际政治因而表现为不断的暴力、单位的同质化趋势、大量国际行为体的消灭、必要时的权力制衡、很小的中立余地等。④ 在温特看来，在国际历史的大部分时间里，国家都生活在霍布斯文化中，直到17世纪。⑤

在洛克文化中，国家之间是竞争对手的关系。由于相互承认国家主权，竞争对手往往会限制自己的暴力行为，并采取维持现状的政策。⑥ 洛克文化下的国际体系有四个特征：①战争是一种可接受的行为，但同时这种行为也受到制约；②体系的主要成员相对稳定，在相当长时期内国家的消亡率保持在低水平；③国家间的实力对比和彼此行为遵循均势逻辑；④中立和不结盟状态得到体系成员的承认。⑦ 温特认为，1648年《威斯特伐利亚和约》签订之后，国际体系的主导文化开始变为洛克文化。其中重要的证据就是像新加坡、摩纳哥这样的微型国家不仅能够长期生存，而且还得以繁荣发展。⑧

在康德文化中，国家将彼此视为朋友，所有国家都遵守两条基

---

① [美]亚历山大·温特：《国际政治的社会理论》，秦亚青译，北京大学出版社2005年版，第253页。
② 同上书，第260页。
③ 同上书，第257—258页。
④ 同上书，第261页。
⑤ 同上书，第309页。
⑥ 同上书，第275—276页。
⑦ 同上书，第276—278页。
⑧ 同上书，第277页。

本规则：不以战争或以战争威胁方式解决争端；如果任何一国的安全受到威胁，体系其他成员将与之共同应对该威胁。①温特认为，"当代国际体系主要是洛克式的，但康德的元素也越来越多。"② 目前北大西洋地区出现了康德文化的雏形。

总之，温特认为，国际体系尽管处于无政府状态，但并不像现实主义所说的那样只存在一种无政府逻辑。究竟是哪种无政府逻辑，取决于哪种文化在文化结构中占主导地位，而这在根本上取决于体系中的国家是以何种方式进行互动的。如果国家最初以充满敌意的方式互动，那么它们很可能建构出霍布斯文化，而如果以竞争或是充满友谊的方式互动，则可能建构出洛克或者康德文化。

三 体系文化的演变

体系文化既然不是唯一的和一成不变的，就有一个发展演变的问题。温特认为，体系文化会沿两个方向演变：一是垂直方向的文化内化，二是水平方向的文化"进步"。

在文化内化方面，温特认为，文化的内化程度可以分为三个等级。在第一个等级上，行为体知道文化或者规范是什么，但是只在受到外部强制力胁迫的情况下才服从规范。这种胁迫可能是直接的，也可能是某种势必构成胁迫的、逼近的惩罚威胁。在这种情况下，行为体既不是自愿服从，也不认为服从可以实现自己的利益，而仅仅是出于他不得不这样做。由于他的行为是外力导致的，所以这种内化的程度很低，需要不断的胁迫才能持续。③ 在第二个等级上，行为体服从文化和规范是因为他们认为这样做符合他们的自我利益。即使没有胁迫，行为体也会服从，并且服从的质量也会较

---

① ［美］亚历山大·温特：《国际政治的社会理论》，秦亚青译，北京大学出版社2005年版，第289—290页。
② 同上书，第40页。
③ 同上书，第263页。

高。在这个等级上，行为体只是出于利己目的利用规范，他们对规范的服从是工具主义性质的。① 在第三等级上，行为体遵守规范的动力在于他们认为规范具有合法性，他们完全认同规范对自己的要求。只有在第三种内化等级上，行为体才真正意义上被文化所"建构"。在达到这个等级之前，文化仅仅影响到行为体的行为或行为体关于环境的信念，而不涉及行为体的身份和利益本身。在第三等级上，行为体对规范的服从质量很高，同样，他们对规范变化的抵制也很强。② 这里一个值得讨论的问题是：对于任何给定的文化，随着时间的推移，行为体对其的内化程度是否都会经历不断加深、从第一等级发展到第三等级这样一个过程呢？温特有条件地赞成这个观点。理论上，一种实践活动存在的时间越长，在个人或集体意识中的植入程度也就越深。但也存在另一些可能，比如一种规范如果与行为体外生的需求相吻合，规范就会得到迅速的内化，而如果与外生的需求不一致，其内化过程就会十分缓慢。③

水平方向上的文化"进步"，就是前面所说的体系主导文化由霍布斯文化向洛克文化再向康德文化的转变。与垂直方向的内化类似，水平方向上，无政府体系是否必然会从霍布斯文化发展到洛克文化，再发展到康德文化？温特的观点是，他所强调的是文化的根本保守性质，而不是文化的进步性质。一旦洛克文化得以内化，就很难再退回到霍布斯文化之中，康德文化之于洛克文化也是一样。进步是有条件的，不是必然的。虽然体系文化不必然向康德文化的方向发展，但是它至少不太可能倒转，除非发生外来的震撼性冲击。也就是说，即使我们无法保证国际体系的未来一定会比过去

---

① ［美］亚历山大·温特：《国际政治的社会理论》，秦亚青译，北京大学出版社2005年版，第265页。
② 同上书，第245、267页。
③ 同上书，第300页。

好，但是有理由相信未来至少不会比过去差。① 温特还讨论了从洛克文化转变为康德文化可能需要的条件，分别是相互依存、共同命运、同质性、自我约束。在他看来，前三个因素中的任何一个与自我约束合在一起就构成了集体身份形成的必要条件。一个情境中四个因素可能都会存在，存在的程度越高，集体身份形成的可能性也就越大，也就越有可能发到康德文化。②

第三节 建构主义的实证研究及其批判

一 建构主义的实证研究

包括温特在内的主流建构主义学者在认识论上大都坚持科学实证主义。他们承认社会现象的客观性和可认知性，致力于建立科学的理论体系。为此他们尝试明确界定相关概念，设定可以证伪的科学假设，并根据经验加以验证。

建构主义研究有两个主要议题，一是讨论国际规范对国家身份和利益的外部建构，二是研究国内因素对国家身份的内部建构。温特的建构主义作为体系性理论，属于第一种方向。此外，玛莎·费丽莫（Martha Fennimore）也致力于研究国际规范对行为体身份和利益的建构。她的代表作《国际社会中的国家利益》（National Interests in International Society）一书研究的问题是，国家的身份和利益是如何建构的？她给出的核心假设是，国际规范建构国家身份和利益。其基本理论逻辑是，国际规范通过制度化的国际组织传输到不同的国家，各国内化规范并塑造自己的身份和利益，进而影响并改变具体的国家行为。国际组织是其中最重要的推动力量。为此她

---

① ［美］亚历山大·温特：《国际政治的社会理论》，秦亚青译，北京大学出版社2005年版，第248、300—301页。
② 同上书，第334页。

还分析了三个案例以验证其逻辑的可靠性,分别是在联合国教科文组织的推动之下,多数国家在20世纪50年代中期之后相继接受并建立起管理科研的政府机构;红十字国际委员会推动国家逐渐接受战时人道主义规范;世界银行推动第三世界国家在20世纪70年代以后普遍同意把减轻贫困作为经济政策的主要目标。[1] 此外,在另一篇文章中,费丽莫还考察了从19世纪开始人道主义干涉规范的演化以及对国家干涉行为的影响。随着国际人道主义规范的变化,国家的人道主义干涉行为逐渐从19世纪单边、多边都有发展到今天仅有多边行为,以此获得合法性;国家在进行干涉时,也不再特意强调人道主义的理由。[2] 她认为,现实主义和自由主义所强调的地缘战略和经济利益很多时候无法为国家行为提供满意的解释,从规范建构的角度能更好地理解国家的行为。

在国家身份的国内建构方面,托马斯·里瑟(Thomas Risse)等人在研究国际人权规范的内化问题时发现,不同国家的文化、政治、经济差异会影响社会化的时间和持续性。[3] 江忆恩(Alastair Johnston)以中国为研究对象,系统考察了中国是否存在持续一致的战略文化,以及这种战略文化是否影响了中国的对外行为这两个问题。江忆恩认为,中国从春秋战国时期开始就存在着一种一以贯之的战略文化,他称为"备战文化"。这种战略文化深刻影响了中国的对外行为。这种文化假定,战争是不可避免的,冲突具有零和性,使用暴力是非常有效的。受这种文化的影响,国家的战略偏好排序是,首先进攻战略最受青睐,其次是防御战略,最后是和解战

---

[1] Martha Finnemore, *National Interests in International Society*, Ithaca: Cornell University Press, 1996.

[2] [美]玛莎·费丽莫:《建构人道主义干涉的规范》,载[美]彼得·卡赞斯坦主编《国家安全的文化:世界政治中的规范与认同》,宋伟、刘铁娃译,北京大学出版社2009年版,第149—178页。

[3] Thomas Risse, Stephen C. Ropp, and Kathryn Sikkink, eds., *The Power of Human Rights: International Norms and Domestic Change*, Cambrige University Press, 1999, p. 6.

略。不过在中国的战略文化中,这一排序还受到"权变"观念的调和。这种"权变"观念的内涵是,实力对比越对自己有利,采取进攻战略就越有利;实力对比越不利,采取防御战略或和解战略来赢得时间、等待实力对比发生变化的做法更为明智。这种"权变"观念的掺入使得古代中国的战略决策又具有根据相对实力变化进行调整的灵活性。[1]

江忆恩考察了明朝和毛泽东时期中国的对外行为,发现这两个时期"备战文化"都影响了当时中国的对外行为。在明朝实力处于上升期,拥有相对于蒙古更强大的军事和经济实力时,其行为更具强制性。随着相对实力的下降,尤其是1449年土木之变后,明朝逐渐转向被动的静态防御,偶尔依赖和解战略。[2] 毛泽东同样内化了备战文化,从而影响了1949—1976年中国对待外部冲突的政策选择。按照江忆恩的说法,在这一时期的所有大国中,中国在外交危机中动用武力的频率是很高的,暴力使用等级为"高强度"[3]。此外,这一时期中国采用"先发制人"策略的频率也较高。和明朝一样,毛泽东时期中国对相对实力的变化也很敏感,在相对实力的有利转换和中国发动某种规模的暴力之间存在某种关联性。[4]

在战略文化对行为的影响上,江忆恩认为实力变化充当了中介变量。战略文化是相对实力发挥作用的前提条件。如果战略文化倾向于现实政治,那么在相同的实力对比情况下,战略上就会表现出更强的进攻性和对抗性,而不是采取防御或者和解战略。相反,如

---

[1] [加]江忆恩:《文化现实主义和毛泽东时代的中国战略》,载[美]彼得·卡赞斯坦主编《国家安全的文化:世界政治中的规范与认同》,宋伟、刘铁娃译,北京大学出版社2009年版,第209页。

[2] [加]江忆恩:《文化现实主义:中国历史上的战略文化与大战略》,朱中博、郭树勇译,人民出版社2015年版,第241页。

[3] [加]江忆恩:《文化现实主义和毛泽东时代的中国战略》,载[美]彼得·卡赞斯坦主编《国家安全的文化:世界政治中的规范与认同》,宋伟、刘铁娃译,北京大学出版社2009年版,第238—239页。

[4] 同上书,第240页。

果"战略文化"倾向于理想主义，那么战略上就会表现出更强的妥协性和非对抗性，比如民主共同体内部的国家更倾向于用非暴力方式解决冲突矛盾。① 江忆恩由此批评了结构现实主义所主张的单纯的实力变化解释国家行为的观点。

二 对建构主义的批判

以温特为代表的主流建构主义试图在反思主义的本体论和理性主义的认识论之间走出一条折中路线，这使得温特建构主义同时受到了理性主义和反思主义的批评。

现实主义学者主要从物质主义的本体论上批评建构主义。他们质疑国际规范的重要性，认为规范的作用是有限的，具有实际意义的仍是物质性力量。斯蒂芬·克拉斯纳（Stephen Krasner）认为，国际体系中的规范只是一种"低密度"的存在，而且不同规范之间经常出现冲突，例如人权或国际稳定与自治和不干涉规范之间的冲突。② 更为重要的是，规范并没有像温特所说的那样发挥约束国家尤其是约束大国的行为的作用。1648年以来的国际体系虽然确立了主权规范，但这仅仅是一种法理上的平等，小国并没有获得事实上的独立主权。大国往往通过干预其内部制度的安排来实际控制小国，剥夺小国的自由。也就是，"尽管几乎每个现代国家都拥有司法主权，但'等级政治权威在国际政治中也是一种普遍现象'"，③ "制度和行为之间是脱钩的（decoupled）"。④ 此外，克拉斯纳从经验的角度质疑了温特有关16世纪以来小国很少消亡的观

---

① ［加］江忆恩：《文化现实主义和毛泽东时代的中国战略》，载［美］彼得·卡赞斯坦主编《国家安全的文化：世界政治中的规范与认同》，宋伟、刘铁娃译，北京大学出版社2009年版，第206—252页。

② Stephen Krasner, "Wars, Hotel Fires, and Plane Crashes," *Review of International Studies*, Vol. 26, No. 1, 2000, p. 131.

③ Ibid., p. 133.

④ Ibid., p. 134.

点，认为"即使是在主权作为一种制度形式首先发展起来的核心地区欧洲，政治实体的数量也是减少了。1490 年，欧洲有 500 个政治实体，到了 20 世纪末，仅略高于 25 个"。① 一些小国之所以还能持续存在，并不是因为大国内化了洛克文化的"主权规范"，而是"大国不想承担直接管理这些地区的成本"。② 大国虽然不会无限制地征服小国，但会通过军事手段来干涉小国内政。在克拉斯纳看来，物质性力量比主权规范更能约束国家的行为。

此外，现实主义学者还批评建构主义理论忽视了不确定性对国家行为的影响。戴尔·科普兰（Dale Copeland）认为，在无政府状态下，国家面临的最大问题是不确定性（uncertainty）问题，对此建构主义并没有进行充分的分析。"对于现实主义来说，只要一国不能确定其他国家现在和将来的意图就足够了。无政府状态和实力分配要发挥作用不必依赖有关利益分配的假定。因为在由大国构成的无政府状态下，这种不确定性可能经常有着深远的意义。"③ 在结构现实主义者看来，他者意图的不确定性会驱使各国从最坏的角度出发进行决策，努力增强自身实力以防止相对实力下降带来的安全威胁。"正是各国对他国当前和特别是未来意图的不确定性，使相对力量的水平和变化成为最基础的自变量。"④ 科普兰认为，国家之间意图的不确定性并不像温特所说的那样能够通过互动准确地获知。这一观点不仅缺乏实证检验，而且"行为本身不能说话，只能依靠国家的推测。尤其是在安全领域，错误的推测将会是致命

---

① Stephen Krasner, "Wars, Hotel Fires, and Plane Crashes," *Review of International Studies*, Vol. 26, No. 1, 2000, p. 134.
② Ibid., p. 135.
③ Dale C. Copeland, "The Constructivist Challenge to Structural Realism," *International Security*, Vol. 25, No. 2, 2000, p. 200.
④ Ibid., p. 188.

的"①。更为重要的是,国家在互动过程中还存在着欺骗问题,"在公共舞台上,国家所展示的形象和扮演的角色往往和真实的意图和利益无关",② 这会进一步加剧安全困境。

此外,科普兰还质疑温特有关体系文化的"内涵"问题和体系文化的判定。科普兰认为,温特将"任何国家知道并遵循第一和第二层次内化规范的体系都称为'文化'"。③ 显然,这种对文化的界定是非常狭隘的。"如果'文化'一词仅是用来指两个行动者共同拥有的关于 X 现象的任何知识,不管他们是否将这种知识纳入他们的价值体系,那么文化在社会科学分析中几乎没有价值——它几乎意味着一切,因此什么也不是。"④ 正因为温特将文化仅界定为共有知识,而不是认同的理念,因此他判断某一体系是哪种文化的标准也是看国家的行为。但这种判断标准是有问题的。因为完全存在这样一种可能,国家信奉的是霍布斯文化,但仅仅出于害怕被惩罚或是从收益的角度遵从康德文化来行事。在这种情况下,很难说此时的体系文化是康德文化。而且从方法论上讲,这是一种循环论证,也就是用要解释的国家行为来判定体系文化,再用体系文化来解释国家行为。这样的理论必然会立于不败之地,却是没有意义的。"当行为变得具有冲突性时,温特可以说文化已经是霍布斯文化,当行为变得更具有合作性时,又可以说文化正向着洛克或康德文化发展。"⑤ 在科普兰看来,温特的《国际政治的社会理论》(*Social Theory of International Politics*) 一书是建构主义实证分析的起点,但"摆在面前的任务是对从温特建构主义论证中得出的命

---

① Dale C. Copeland, "The Constructivist Challenge to Structural Realism," *International Security*, Vol. 25, No. 2, 2000, p. 201.
② Ibid., p. 202.
③ Ibid., p. 208.
④ Ibid..
⑤ Ibid..

题进行检验"。[1]

自由主义学者对建构主义的批评要相对温和一些，主要集中在"观念"和"物质"是否是二元对立的这个问题上。在新自由主义的代表人物基欧汉看来，社会世界是物质和观念力量共同作用的结果。他希望"温特的工作更多地促进对国际关系分析的思考，而不仅仅是更新有关本体论的辩论"。[2]"讨论理念和物质哪个更为根本，就类似于争论心脏和大脑哪个对生命更重要"，[3] 这样的问题"是没有答案的"，"重要的是观念和物质能力如何融合"。[4] 因此，重要的问题"不在于观念是否重要，更不在于观念是否比物质利益更重要，而在于观念是如何起作用的"。[5] 此外，基欧汉不认同温特将新自由主义、古典现实主义都归为物质主义的做法，因为新自由主义认为利益是包含观念的，并且认为观念可以通过"充当路线图，帮助应对缺乏独特均衡解决方案的情况，并成为持久制度的一部分"的方式来影响具体政策。[6] 而古典现实主义的代表人物摩根索也同样没有否认观念对于权力和利益的重要意义。比如，他认为权力就是一种"精神上的联系"。[7]

反思主义的批评主要集中在认识论方面。史蒂夫·史密斯（Steve Smith）对温特的科学实在论进行了批评。他认为，"温特试图对社会世界进行科学解释，但这一方法是行不通的。因为这种方

---

[1] Dale C. Copeland, "The Constructivist Challenge to Structural Realism," *International Security*, Vol. 25, No. 2, 2000, p. 210.
[2] Robert O. Keohane, "Ideas Part-way Down," *Review of International Studies*, Vol. 26, No. 1, 2000, p. 126.
[3] Ibid., p. 127.
[4] Ibid., p. 129.
[5] Ibid..
[6] Ibid., p. 128.
[7] Ibid..

法从根本上错误理解了社会世界的性质"。① 史密斯强调，社会世界与自然世界不同，具有"主体性"（subjectivity）和"能动性"（agent）。换言之，社会世界并非如温特所说是一种类似自然世界的客观存在，而是观念性的，因而不能用指涉客观事物的科学实在论进行分析。包括国际关系世界在内的社会世界只能去"理解"（understanding）而无法对其做出"解释"（explanation）。② 史密斯的观点代表了反思主义的一个基本立场，即观念主义的本体论和科学实证主义的认识论彼此不可调和。此外，史密斯指出，温特有关物质和观念关系的表述前后并不一致。"在某些地方，物质是独立于观念的，而在另一些地方，物质又是依附于观念的";③ "有时物质是一个独立的自变量，有时它又是取决于观念的一个因变量，有时它又是一个中介变量"。④

史密斯还质疑温特有关国际体系发展的观点。温特认为，国际关系的历史将沿单方向发展。如果国际体系的文化结构发生变化，这样的变化从内在动力的角度看，也将朝着历史进步的方向发展。但问题是，温特同时认为，"国家在本体地位上是先于国际体系的。国家相对于其他国家来说是先于国际社会存在的，就像人的躯体是先于社会的存在一样"。⑤ 既然国际体系是由国家构成的，而国家又是具有稳定身份的前社会（pre-social）行动者，那么，国际体系将很难发生变化。

综上，建构主义受到了现实主义、自由主义和后现代主义等诸多学派的质疑。尽管如此，建构主义理论的出现依然具有重大的学

---

① Steve Smith, "Wendt's World," *Review of International Studies*, Vol. 26, No. 1, 2000, p. 152.
② Ibid., p. 159.
③ Ibid., p. 155.
④ Ibid., p. 154.
⑤ ［美］亚历山大·温特：《国际政治的社会理论》，秦亚青译，北京大学出版社2005年版，第198页。

术意义。它将社会学和社会哲学的研究视角引入国际关系学研究，不仅挑战了传统的主流学派因受微观经济学影响而长期坚持的理性假定，更重要的是它引发了整个国际关系学科的整体反思。学者们开始从社会学等学科视角去思考国际关系的本原性问题，从而重新设定或者说拓展了 20 世纪 90 年代之后的国际关系研究议程，推动国际关系学科向更为纵深的方向发展。

思考题

1. 霍布斯文化、洛克文化和康德文化各自的特点是什么？
2. 试举出几个你认为主要由观念和文化因素导致的国际政治现象？

第十三章
联盟理论

联盟的定义
联盟的形成
联盟的管理

联盟理论

联盟是一种古老的合作形式,从有不同的独立政治实体产生互动开始,就有了结盟现象。在国际政治中,结盟是无政府状态下国家间所能实现的最高程度的安全合作。鉴于冲突与合作是国际关系的主题,而无政府状态下合作的达成又具有很高的难度,因此联盟问题始终是国际关系理论研究的核心议题。经过数十年的研究积累,联盟理论已成为研究群体最为广泛、发展最为成熟、研究成果最为丰富的国际关系中层理论。本章将介绍联盟的定义、联盟的形成、联盟的管理等联盟理论的几个最主要内容。

第一节 联盟的定义

一 广义的联盟及其分类

广义的联盟更准确的称谓是"联合",对应的英文单词是 a-lignment。格林·斯奈德(Glenn Snyder)认为,"联合"是一个更为宽泛更具根本性的术语,所定义的是国家对于它们在将来的互动中究竟是会得到其他国家的支持还是反对的一种预期。[1] 斯蒂芬·沃尔特(Stephen Walt)和斯蒂芬·大卫(Stephen David)将"联

---

[1] Glenn Snyder, *Alliance Politics*, Ithaca: Cornell University Press, 1997, p.6.

合"定义为两个或更多国家之间的一种特定关系,在这种关系中,国家对于未来特定条件下有关安全问题的政策协调拥有一定程度的共同预期。①

综合上述定义,我们可以提炼出理解"联合"这个概念的两个关键词:"安全"和"预期"。首先,"联合"这种国家间的合作机制有可能兼具解决经济、社会问题的目的和功能,但其首要和核心目的是应对安全挑战。其次,更为重要的是,"联合"是对参与联合的国家未来行为的一种"预期",即参与联合的成员相信,未来当遇到特定安全情况时,其他成员(至少在一定概率上)会按照事先约定的安排做出相应的行为。换言之,"联合"是一种事先(ex post)做出的安排,而不是事后的实际反应。这一点对于我们深刻理解"联合"(以及狭义的"联盟")的内涵、在实践中准确判断某种国家间合作是否是"联合"/"联盟"至关重要。简单来说,我们不能以某种特定安全情况发生后国家是否采取了某些特定的合作行为为依据,来判断在此之前这些国家之间是否存在"联合"/"联盟",而应该以该安全情况发生前这些国家是否就采取某些合作行为达成过事先的共识和契约为依据。

如果将"联合"这个概念视为一个集合,那么它大致包含了四个子集,分别是狭义的联盟(alliance)、联合阵线(coalition)、安全共同体(security community)和战略伙伴关系(strategic partnership)。② 前两种联合的共同点是,它们组建的目的都是针对某个(或某些)具体的国家(或国际行为体),而后两种则没有具体的针对对象,最多只会针对某个(或某些)具体议题,比如应对

---

① Eric A. Miller and Arkady Toritsyn, "Bringing the Leader Back In: Internal Threats and Alignment Theory in the Commonwealth of Independent States," *Security Studies*, Vol. 14, No. 2, 2005, p. 333.

② Thomas S. Wilkins, "'Alignment', not 'Alliance'—the Shifting Paradigm of International Security Cooperation: Toward a Conceptual Taxonomy of Alignment," *Review of International Studies*, Vol. 38, No. 1, 2012, pp. 53–76.

恐怖主义、分离主义、宗教极端主义，等等。是否针对某个具体行为体，是狭义的联盟和联合阵线区别于联合的其他形式的核心特征。因为存在这个共同的特征，所以在许多探讨联盟问题的理论和政策文献中，有时会将狭义的联盟和联合阵线视为同义词，不加区分地混用。

但狭义的联盟和联合阵线这两个概念仍然存在一定的区别。首先，合作的领域不同。联盟主要侧重于安全领域，联合阵线的合作领域则更广泛，既可能涉及军事安全领域，也可能涉及政治、经济和非传统安全领域。其次，合作的正式程度不同。联盟通常有正式的书面协议，对在什么情况下盟国有义务提供合作、提供何种形式何种程度的合作以及以何种机制实现合作等有明确的规定。而联合阵线则具有非正式性和临时性，往往是在战争或冲突已经发生的情况下，立场相似的几方暂时联合起来应对共同的威胁或开展联合作战。再次，联盟往往是在冲突或战争实际爆发之前组建的，其威慑功能可能大于实际作战功能。与之相比，安全领域的联合阵线通常是为了应对已经出现的战争，主要用于实际作战。最后，与联盟相比，联合阵线的存续时间往往更短，在所应对的问题解决后往往会迅速解散。例如，2014 年恐怖组织"伊斯兰国"迅速崛起，美国组建了有 50 多个国家和国际组织参与的反"伊斯兰国"联合阵线。而当"伊斯兰国"威胁基本消除后，反"伊斯兰国"联合阵线也宣告解散。[①]

二 狭义的联盟及其判定

通过上述梳理和比较可以看到，狭义的联盟是一种预先设定的、正式的、机制化和常态化的、有着明确针对对象的国家间联合形式。国际关系理论对联盟问题的研究，主要针对的就是这种狭义

---

① 参见刘丰《国际政治中的联合阵线》，《外交评论》2012 年第 5 期。

的联盟。以下除特别指出的以外,"联盟"均特指狭义的联盟。①

斯奈德认为,"同盟是国家间关于使用或不使用军事力量而形成的正式联合,在具体情况下,这种联合通常是为了反对成员之外的某个或某些国家"。② ATOP 数据库对同盟的定义是:"至少两个独立主权国家的官方代表签订的书面协议,内容包括承诺在军事冲突中对盟国进行援助,在冲突中保持中立,制止与他国的军事冲突,或者在可能造成潜在军事冲突的国际危机中保持合作与协商。"③ 沃尔特的定义是:"同盟是两个或两个以上主权国家出于安全合作而做出的正式或非正式安排。"他特别强调无论是否有正式盟约,只要有实质上的军事合作即可被视为同盟。④ 根据这三个具有代表性的经典定义,我们可以将联盟界定为至少有一方负有为另一方提供军事支援义务的双边或多边合作安排。

如前所述,广义的联盟(即联合)的一个关键特征是其合作是一种事先做出的安排。作为联合的一个子集,狭义的联盟同样是如此。更准确地说,联盟本质上是一种事先做出的愿意为盟友承担军事援助责任的承诺(commitment)。因此,要想判断某两个或某几个国家之间是否存在同盟关系,最直接也最可靠的方法是看各方是否在事先做出了明确的书面承诺,即看是否签订过盟约;而不能从事后看,一方是否事实上对其他方提供了军事援助。因为即使一国与另一国不存在任何同盟关系,前者也有可能出于自身利益的考

---

① 汉语中"联盟"又作"同盟",这里将这两个词视为同义词,不加区分地混用。

② Glenn H. Snyder, *Alliance Politics*, Ithaca and London: Cornell University Press, 1997, p. 20.

③ Brett Ashley Leeds, et al., "Alliance Treaty Obligations and Provisions: 1815 – 1944," *International Interactions*, Vol. 68, No. 3, 2002, p. 238. ATOP 数据库全称"同盟条约义务与条款"数据库(Alliance Treaty Obligations and Provisions),是定量研究同盟问题的最重要的数据库之一。

④ Stephen M. Walt, *The Origins of Alliance*, Ithaca: Cornell University Press, 1987, p. 12.

量而对前者提供军事援助。

不过，在实际研究和分析中，查盟约这种判断同盟关系的方法有时会遇到困难。一种情况是历史上某些相关国家的确签订了书面的盟约，但由于时代久远资料缺失等原因，研究者难以获得相关信息。另一种情况是这种书面的盟约从一开始就不存在。现实世界中的确存在一些始终没有签订过正式书面盟友的联盟，比如美国和以色列的双边同盟就没有正式的盟约。在这种情况下，我们可以回到"同盟的本质是事先做出的承诺"这一根本原则上来。

只有在存在这种承诺（无论这种承诺是正式成文的还是没有正式文约的）的情况下，被承诺方才可以基于"义务"而非"利益"的原因向承诺方提出履行承诺、提供援助的要求。换言之，在缺乏中央权威的无政府世界里，只有在事先存在承诺的情况下，一国才有"权利"——而非"权力"——向另一国提出做某事的要求。在没有承诺的情况下，一方向另一方提出某种要求，后者同意了是人家的"热情"，没同意是人家的"本分"。在有承诺的情况下，一方基于该承诺向另一方提出某种要求，后者同意了是其"本分"，没同意则是"违约"。后者可以以任何理由和借口不答应前者的要求，但不能说前者没有提该要求的"权利"，因为承诺赋予了前者提出该要求的正当性，规定了后者负有履行该承诺的"义务"。

由于"存在同盟承诺"是"基于'义务'或'正当性'向对方提出军事援助要求"的必要条件，因此后者是前者的充分条件。因此，"被要求援助方是否认可要求援助方提出的军事援助要求的正当性"，是判断同盟是否存在的实质性标准。

我们之所以认为当前美国和日本存在同盟关系，是因为我们知道，如果他国入侵日本领土，美国负有援助日本的责任。日本有"权利"要求美国出兵援助，日本提出这种要求本身拥有不容否认的合法性。至于美国出于自身利益考虑最终是否真的出兵，不影响我们对美日同盟存在性的判断。我们之所以认为当前中国和俄罗斯不存在同盟关系，是因为我们知道，如果他国入侵中国领土，俄罗斯不负有援助中国的责任。中国可以以"唇亡齿寒""共同利益"等理性决策的理由劝说俄罗斯提供援助，但中国没有要求俄罗斯提供援助的"权利"。即使俄罗斯出于自身利益考虑出兵援助了中国，也不能证明此前两国是同盟。

第二节　联盟的形成

联盟的形成有多种原因，这些原因在很大程度上同时也是联盟所具有的功能，是国家之所以组建和维持联盟的目的或者动机。

一　制衡霸权或威胁

华尔兹认为，联盟是国际体系实力分布重新恢复平衡的一种工具。华尔兹认为，在无政府状态下，所有国家的第一位目标都是确保自身生存。或者说，在一个没有中央权威提供外部保障的体系中，任何不能确保自身生存的行为体都将被体系淘汰不复存在。而在这样一个无政府体系中，一国生存的最根本保障就是自身的物质实力，特别是军事实力。所以，当 A 国实力明显强于 B 国时，B 国的安全乃至生存就会存在很大风险，此时 B 国就有动力设法弥补与 A 国的实力差距，比如 B 国可以增加本国的军备开支，或者与另一个国家 C 国结盟。前一种弥补实力差距的方法称为内部制衡（internal balancing），后一种方法称为外部制衡（external balancing）。如果国际体系中有一个国家实力迅速崛起，并有可能成为潜在的霸权国，那么这时体系内其他所有国家都有动机制衡这个潜在霸权国。[1] 总之，根据华尔兹的理论，结盟是较弱的国家联合起来制衡较强国家的一

---

[1] ［美］肯尼思·华尔兹：《国际政治理论》，信强译，上海人民出版社 2008 年版，第六章。

种重要方式。

沃尔特批判性地发展了华尔兹的结盟理论。他认为，确保自身安全的确是国家结盟的重要动机，结盟也的确是国家的一种制衡行为，但是国家结盟所针对的对象——制衡的对象——不一定是实力最强的国家，而是对其构成威胁最大的国家。沃尔特给出了影响一国威胁程度大小的四个因素，分别是该国的综合实力、地理临近性、进攻能力和侵略意图。一国的综合实力、进攻能力越强，显然对另一国制造威胁的能力也就越强。地理距离对一国实力的投送有削弱作用，距离越远，实力的投送难度越大。所以两个实力差不多的国家，谁与第三国的距离更近，谁对第三国制造威胁的能力也就相对更大。侵略意图是四个因素中唯一一个带有主观色彩的因素，这也是沃尔特的"威胁平衡理论"对华尔兹"实力平衡理论"的最大超越，它表明，一国对他国的威胁程度，并不完全由实力大小、距离远近等客观因素决定，而是还受前者主观意图的影响。[①]

"威胁平衡理论"和"实力平衡理论"这两种联盟形成理论的共同点是，它们都假定国家结盟的动机是确保自身安全，并且都认为联盟的最主要功能是抵御外部威胁，保护联盟内部成员的安全。

二 获取共同或互补利益

施维勒认为，确保安全并不是国家结盟的唯一目的；结盟与国家的其他任何战略行为一样，都是受利益驱动，既可能是为了确保已有利益不受损失（即确保安全），也可能是为了谋求和获取新的利益。因此，只要各国的政治目标相同，联合在一起比不联合在一起能够获得更大的收益，国家就有结盟的动机。相应地，施维勒指出，结盟并不一定是一种制衡行为（无论是制衡霸权还是制衡威

---

① Stephen M. Walt, *The Origins of Alliance*, Ithaca and London: Cornell University Press, 1987.

胁),即并不总是弱国结盟对抗强国;相反,在更多情况下结盟是一种追随行为,即弱国与强国结盟。因为对于弱国来说,制衡强国需要付出高昂的成本,而且要承担很大的风险,而如果弱国与强国的利益一致,那么对于弱国来说,与强国结盟就是一种"搭便车"的行为,可以借助强国的力量获得许多仅靠自身无法获得或者需付出更大代价才能获得的利益。在施维勒看来,联盟在更多情况下是国家获取利益的一种工具,国家结盟的动机不一定是确保自身安全。[1]

詹姆斯·莫罗(James D. Morrow)进一步放宽了国家的结盟动机。在他看来,国家结盟固然是为了获取利益,但各结盟国家想谋求的利益不一定是相同的,特别是在不对称同盟中,大国与小国的预期收益往往是不同的但却是互补的,是各取所需的。小国同大国结盟的动机是为了增加安全,但为此它需要牺牲一定程度的自主性。大国同小国结盟则会牺牲一定程度的安全,但可以通过换取小国的让步而提高自己决策的自主性。如果各国结盟的目的是制衡权力或者威胁,或者为了获取某种共同利益(总之各国结盟的动机是相同的),那么此时联盟所发挥的是一种"实力聚集"(capability aggregation)功能,即"人多力量大""团结就是力量",通过结盟聚合更多国家的力量以实现某种共同目标。但如果各国的利益不是相同的而是互补的,那么联盟的实质就是一种"利益交换"的平台,不同国家通过结盟这种形式,实现利益交换,各取所需。比如小国与大国结盟,小国可以获得大国的安全保障,而大国则可以实现对小国的政治控制或领导。[2]

---

[1] Randall Schweller, "Bandwagoning for Profit: Bringing the Revisionist State Back in," *International Security*, Vol. 19, No. 1, 1994, pp. 72 – 107.

[2] James D. Morrow, "Alliances and Asymmetry: An Alternative to the Capability Aggregation Model for Alliances," *American Journal of Political Science*, Vol. 35, No. 4, 1991, pp. 906 – 933.

其他学者也从互补利益这个角度进一步挖掘了联盟的功能。大卫·莱克（David A. Lake）指出，第二次世界大战后美国与其盟友建立了一种关系型的契约（relational contract），即美国通过为其盟国提供安全秩序和发展援助，以此在盟国中建立权威（authority），而美国的盟友则因此而甘愿将自身主权的一部分让渡给美国，并遵循美国的指挥。在这种关系型契约的约束下，美国与其盟国的关系在一定程度上摆脱了无政府下的自然状态，进入到一种等级制的状态中。美国权威的获得以及美国与其盟国间等级制的建立，所依托的一个重要工具或者说平台就是第二次世界大战后美国在全球构建的一系列双边和多边同盟。① 童非·金（Tongfi Kim）明确将联盟视为国家间为实现利益交换而达成的契约，将潜在的结盟国家划分为安全的供给者和安全的需求者两个群体，安全的需求者需要同盟来实现自身的安全，而安全的供给者也需要同盟来获得安全之外的其他好处（比如政治支持、经济回报），两类国家通过结盟各取所需，并各自支付相应的成本。②

三 管理联盟内部成员

除了应对威胁、获取利益外，联盟还具有管理内部成员的功能，这也是联盟组建和维系的一个重要原因。克里斯托弗·格尔皮（Christopher Gelpi）指出，联盟有对内和对外两种功能，对外功能的核心机制就是"实力聚集"，联盟成员团结一致对抗外部威胁或谋求共同利益，而对内功能则是说，联盟对联盟成员自身的行为有约束和控制作用。比如，在调停危机的过程中，如果调停国与争端

---

① David A. Lake, *Entangling Relations: American Foreign Policy in Its Century*, Princeton: Princeton University Press, 1999; David A. Lake, *Hierarchy in International Relations*, Ithaca and London: Cornell University Press, 2009.
② Tongfi Kim, *The Supply Side of Security: A Market Theory of Military Alliances*, Stanford: Stanford University Press, 2016.

中的某一方是盟国,那么经调停而实现和平解决危机的概率要显著高于调停国完全中立的情况。① 之所以会如此,就是因为加入同盟的国家往往是有求于这个同盟或这个同盟中的盟友的,所以盟国提出的危机解决方案,自然会比不是盟国的国家提出的方案更加受到处于危机中的国家的重视。

帕特丽夏·威茨曼(Patricia A. Weitsman)也指出,联盟不仅有应对外部威胁的功能,也有应对内部威胁的功能。当潜在结盟对象彼此之间存在一定的威胁但威胁程度又不太高时,这些国家就有动机相互结盟,因为同盟能够帮助这些潜在对手提高相互之间的政策透明度、抑制相互的敌意、管理彼此的行动。② 杰里米·普雷斯曼(Jeremy Pressman)认为,在联盟起源的各种可能的解释中,约束盟国至少是与应对外部挑战同样重要甚至更为普遍的一种因素。一国既有可能出于担心潜在盟国太过挑衅某个外部国家从而招致后者的攻击而决定与前者结盟以约束前者,也有可能出于担心两个潜在盟国彼此发生冲突而与两者同时结盟。③ 车维德(Victor D. Cha)指出,第二次世界大战后美国在亚太地区之所以要构建一种"辐辏"型(hub and spokes)的双边同盟体系而不是像北约那样的多边同盟,一个重要原因就是双边同盟能够最大限度地控制同盟中较弱一方的行为。美国与这些亲西方国家结盟,能够有效约束这些国家使其不采取太过激进的行动挑衅共产主义国家,从而避免将美国拖入不必要的战争。④

---

① Christopher Gelpi, "Alliances as Instruments of Intra-Allied Control," in Helga Haftendorn, Robert O. Keohane, and Celeste A. Wallander, eds., *Imperfect Unions*: *Security Institutions over Time and Space*, Oxford: Oxford University Press, 1999, pp. 107–139.

② Patricia A. Weitsman, *Dangerous Alliances*: *Proponents of Peace, Weapons of War*, Stanford: Stanford University Press, 2004.

③ Jeremy Pressman, *Warring Friends*: *Alliance Restraint in International Politics*, Ithaca: Cornell University Press, 2008.

④ Victor Cha, *Powerplay*: *The Origins of the American Alliance System in Asia*, Princeton: Princeton University Press, 2016.

第三节 联盟的管理

打算结盟的国家和处于联盟中的国家都始终存在两方面的担忧：一方面担心自己真的遭到外敌入侵时，盟友拒绝提供军事援助；另一方面担心盟友与外敌发生冲突，自己因同盟义务而被迫卷入自己本不愿卷入的战争。前一种担心称为"抛弃"（abandonment）风险，后一种担心称为"牵连"（entrapment）风险。这两种风险都是无政府状态下结盟这种合作形式所固有的风险，联盟成员对联盟进行管理的核心任务就是设法减少或控制这两种风险的大小。①

一 减少"抛弃"风险

结盟是一种有具体假想敌的国家间安全合作行为，并且参与这种安全合作存在较显著的安全风险（例如有可能陷入与假想敌的战争，甚至招致假想敌的先发制人式打击），所以结盟成员都或多或少地存在背叛合作、抛弃盟友的潜在动机，特别是当援助盟友的成本较大而对自己的直接收益较小时更是如此。如果一国认为盟友有可能背叛联盟承诺、有可能在冲突发生时抛弃自己，换言之各国之间缺乏战略信任，那么即使国家之间存在共同的安全利益，它们也很难真正组建起同盟，即使组建起同盟也很难长期维持。

詹姆斯·费伦（James D. Fearon）在一篇重要论文中探讨了国家让自己的安全合作承诺可置信的两种途径。一种叫作"自缚手脚"（tying hands），即主动减少自己的策略空间，其核心逻辑是增加自己

---

① Glenn H. Snyder, "The Security Dilemma in Alliance Politics," *World Politics*, Vol. 36, No. 4, 1984, pp. 461–495; Glenn H. Snyder, *Alliance Politics*, Ithaca and London: Cornell University Press, 1997.

不按承诺做事的成本，使自己不履行承诺的净收益小于履行承诺的净收益。"自缚手脚"的一个重要方式就是国家以书面形式将自己的安全合作承诺记录下来并公之于众，这样如果届时不履行承诺，该国决策者就将受到国内选民、利益集团等"观众"的指责，承担相应的"观众成本"（audience cost），并且也会损害自己的声誉，减少自己以后与其他国家合作的机会。另一种途径叫作"沉没成本"（sinking costs），比如事先加大对合作对象国的经济和军事援助力度。这种途径起作用的理论逻辑是：只有在真正发生冲突时愿意介入并援助盟友的国家，才愿意事先为该盟国的防务投入资源。费伦指出，"自缚手脚"在强化国家间彼此信任、促进国家间合作方面的效果优于"沉没成本"。[1] 实证研究也证明了这一点。[2]

根据费伦的理论，"自缚手脚"的关键，是签订一份公开的注明各成员国承诺的盟约，这也是正式的联盟与其他联合形式最核心的区别。签订盟约这一"自缚手脚"的行动，会增加盟国因不履行盟约而需支付的观众成本和声誉成本，从而减少其他盟国被其"抛弃"的风险。

莫罗同样强调了签订书面盟约对强化和绑定同盟成员合作的重要意义。莫罗指出，签订书面盟约同时具备"释放信号"（signaling）和"做出承诺"两种功能，这两种功能都有助于减少联盟成员对"抛弃"风险的担忧。与费伦的观点相似，莫罗认为签订盟约之所以能够做出可信承诺的核心是这种行为负载着观众成本。此外，莫罗还指出，签订盟约会释放多重负载有成本的信号（costly signal），能够向其他参与结盟的国家和外部国家可信地传达签订盟

---

[1] James D. Fearon, "Signaling Foreign Policy Interests: Tying Hands versus Sinking Costs," *Journal of Conflict Resolution*, Vol. 41, No. 1, 1997, pp. 68–90.

[2] Matthew Fuhrmann and Todd S. Sechser, "Signaling Alliance Commitments: Hand-Tying and Sunk Costs in Extended Nuclear Deterrence," *American Journal of Political Science*, Vol. 58, No. 4, 2014, pp. 919–935.

约的国家愿意履行盟约的诚意。例如，结盟意味着自己需为盟友承担一定程度的战争风险，也意味着一国愿意与其他参与结盟的国家就彼此之间的利益分歧做出妥协。此外，结盟后盟国之间的军事协调和分工将使一国单独应对外部威胁时的脆弱性比不结盟时更高。所有这些成本和风险都只有那些真正看重同盟这种合作机制、愿意履行同盟义务的国家才愿意承担，所以签订正式盟约有助于增加国家之间的相互信任，减少被彼此"抛弃"的担忧。①

明确的盟约规定能够使参加同盟的国家在没有更高权威的约束和命令下自愿履行盟约，这是同盟这种安全合作形式超越于其他缺乏强制力的安全合作形式的最核心原因，也是同盟最重要的价值所在。正因如此，狭义的同盟被视为国家间所能实现的最高程度的合作形式。②

二 减少"牵连"风险

受违背盟约的高昂成本的影响，签订盟约的国家至少从理论上看都有动力履行同盟义务。但这种动力反过来又会对其他盟国起到"壮胆"效应，使这些盟国在面对外部挑战时的反应更加强硬，甚至使这些盟国敢于主动对外部国家发起挑衅。这样就会增加其他盟国的安全风险，使它们有可能因同盟义务而卷入不符合其利益的冲突或战争。如何减少这种"牵连"风险，也是同盟管理的重要议题。

童非·金指出，参加同盟的国家都会预见到这种"牵连"风险，所以它们在组建同盟之前和之后，往往都会仔细地设计和修改盟约，使其对同盟义务的界定以及同盟义务适用的条件尽可能地具体，比如规定该同盟具体是针对哪些敌对国家，具体适用于哪个地

---

① James D. Morrow, "Alliances: Why Write Them Down?" *Annual Review of Political Science*, Vol. 3, No. 1, 2000, pp. 63-83.

② Arthur A. Stein, *Why Nations Cooperate*, Ithaca: Cornell University Press, 1990, p. 151.

理范围内的安全事态,再如规定因盟国首先挑衅引发的冲突不适用于本同盟条约等,以这种方式降低被其他盟国牵连的风险。金进一步指出,一国感知到其受牵连的风险越大,或者该国在联盟中的讨价还价能力越大,那么它所在的同盟对盟国义务的规定就越明晰。① 但也有学者指出联盟承诺内容具体化的一些缺点,比如敌对国家可以根据盟约的内容,有意识地绕过那些使援助义务生效的情境。另外在实际互动中,有时很难判断某个冲突究竟是由盟国还是敌国首先引发的。② 布雷特·本森认为,要想降低这种牵连风险,盟国反而应该模糊联盟安全承诺的程度、范围和对象,将是否为盟国提供援助的决策概率化,而不是明确化。③

思考题

1. 列举几个历史上或当前存在的联盟,指出其中哪些形成的主要原因是为了制衡威胁,哪些是为了获取利益。

2. 不对称同盟中的小国如何防止被大国"抛弃"?

---

① Tongfi Kim, "Why Alliances Entangle but Seldom Entrap States," *Security Studies*, Vol. 20, No. 3, 2011, pp. 350-377.
② Keren Yarhi-Milo, Alexander Lanoszka, and Zack Cooper, "To Arm or to Ally? The Patron's Dilemma and the Strategic Logic of Arms Transfers and Alliances," *International Security*, Vol. 41, No. 2, 2016, p. 101.
③ Brett V. Benson, *Constructing International Security: Alliances, Deterrence, and Moral Hazard*, Cambridge: Cambridge University Press, 2012.

第十四章
国际规范理论

规范的定义及作用

国际规范的产生和退化

国际规范理论

随着20世纪90年代建构主义的兴起,规范问题开始成为国际关系理论界关注的重点议题,关于规范的产生及其作用,不同理论流派的看法存在着很大的分歧。在现实主义范式看来,国际规范更多的是国家间互动的结果而非原因,是国际政治的副产品,而建构主义范式则认为,国际规范在很大程度上塑造了国际政治的面貌,国际规范不仅与国家行为和国际结果存在因果关系,而且存在建构关系。在不同学派的论证中,国际规范的理论研究日益成熟和丰富,从观念这个维度极大地加深了我们对国际关系的理解。

第一节 规范的定义及作用

一 国际规范的定义

规范(norm)这个概念通常可以从行为和观念两个层面加以理解。从行为层面看,规范是一种行为模式或者行为惯例。罗伯特·阿克塞尔罗德(Robert Axelrod)认为,"规范的存在意味着在特定社会环境中,个体通常会以某种特定方式行动,而如果不以这种方式行动则通常会受到惩罚"。[1] 青木昌彦也倾向于从行为模式

---

[1] Robert Axelrod, "An Evolutionary Approach to Norms," *The American Political Science Review*, Vol. 80, No. 4, 1986, p. 1097.

的角度理解规范,他认为规范是一种稳定的惯例。①

从观念层面看,规范是一种共享观念或者共享预期。罗纳德·杰普森(Ronald L. Jepperson)等学者认为,"规范就是关于某个特定身份所应当采取的适当行为的集体预期"。② 玛莎·费丽莫从社会学角度将规范定义为"行为共同体持有的适当行为的共同预期"。③

理性主义者更愿意从行为层面去定义和理解规范,而建构主义者则更多地从观念层面去看待规范。在理性主义者看来,规范在很大程度上只是对某种行为模式的描述和概括,先有了基于理性选择的行为,才有了由这种特定行为所定义的规范。而在建构主义者看来,则是作为某种观念的规范塑造和催生了某种特定的行为模式,而不是反过来。其实,如果将规范看作一枚硬币,那么行为模式和共享观念就是这枚硬币的两面。如果规范只停留在观念层面,我们无法观察到与这种观念相一致的客观行为,那么这样的"规范"只能是一种关于"应该怎么做"的"设想"或"建议"。如果规范只是对客观行为模式的简单描述而没有上升为一种"应该这样做"的价值观,那么这样的"规范"只是一种关于人们实际是怎么做的简单记录。由此可见,规范是"应然性"和"实然性"的统一,只有那些既反映了某个人群真实的行为模式、又体现了这个人群所普遍接受的价值观的表述才叫作"规范"。如果这个"人群"是由跨越国界的行为体(比如国家)所组成,那么这样的规范就叫作国际规范。

---

① [日]青木昌彦:《比较制度分析》,周黎安译,上海远东出版社2001年版,第36—44页。

② [美]罗纳德·杰普森、亚历山大·温特、彼得·卡赞斯坦:《规范、认同和国家安全文化》,载[美]彼得·卡赞斯坦主编《国家安全的文化:世界政治中的规范与认同》,宋伟、刘铁娃译,北京大学出版社2009年版,第56页。

③ Martha Finnemore, *National Interests in International Society*, Ithaca: Cornell University Press, 1996, p. 22.

二 国际规范的作用

国际规范发挥作用依赖于两种效应，一种叫管制性效应（regulatory effect），另一种叫建构性效应（constitutive effect）。当一个规范发挥管制性效应时，背后起作用的是"结果性逻辑"（the logic of consequence），即行为体之所以选择遵守这个规范，是基于对行为后果的考虑：遵守这个规范，其后果对我是更有利还是更不利？如果更有利，那么我就遵守，如果更不利，那么就不遵守。显然，"结果性逻辑"是一种理性主义和物质主义的决策逻辑，在这种逻辑下，行为体的偏好和利益是既定的，他们在做是否遵守规范的决策时，只是将遵守与不遵守两种策略选项各自的效用值与自己既定的偏好加以对比，选择那个更符合自己既有偏好的选项。由此我们可以推知，国际规范要想发挥作用，使国际行为体愿意遵守，有一个很重要的机制就是"惩罚/奖励"机制，即遵守规范会得到好处，而不遵守规范则会遭受来自国际社会的惩罚。

当一个规范发挥建构性效应时，背后起作用的是"适当性逻辑"（the logic of appropriateness）。顾名思义，当行为体遵循"适当性逻辑"时，他们考虑的不是遵守规范的后果是否与自己的既定偏好相符，而是遵守规范这个选择本身是否是"适当的"。如果说在"结果性逻辑"下规范影响的只是行为体的行为和决策，那么在"适当性逻辑"下，规范影响的则是行为体的利益和偏好。如果一个规范能够让一个行为体从一开始就认为某种行为是不适当的、不合法的、不正义的，那么他在对各种策略选项进行理性计算之前，就会不经思考地将这个行为排除在备选选项之外，换言之，他从一开始就不再认为这个行为对自己而言是一种可能的利益。同样地，规范也能使得行为体从原本不认为某行为是自己利益变成认为该行为是自己利益。在漫长的殖民时代，欧洲人曾长期不将非洲人视为与自己拥有同等权利的低等人，因此轻视并随意践踏非洲人的生存权。然而随着人权规范的扩散和内化，时至今日，面对不断涌入欧洲的一波波非洲和西亚地区的难民，相当多的欧洲人第一反应是选择包容和接纳他们，反对政府的边境管制政策。欧洲人的这种转变，在很大程度上归因于人权规范建构性效应。

适当性逻辑提示我们，处于国际体系中的国家，并非时刻都在根据外部"刺激"做出针对性的反应，并不总是从"成本—收益"的角度做着理性的计算，而是像建构主义所指出的，它们和人一样，总是"浸泡"在特定的社会文化或者社会规范之中，因此在很多时候，国家所做的行为只是某种基于规范建构的"习惯"。中国人口渴了会首先选择喝热水，而许多国家的人的第一反应是去自来水龙头接凉水喝。收到他人当面赠送的礼物时，中国人的传统应对方式是把礼物放到一边，等送礼物的人走后自己一个人时再打开看，而西方人的做法则是当着送礼物的人的面，第一时间拆开包装盒并给予自己的评价。这些行为方式的差异没有对错之分，中国人和外国人在做出这些行为时也都不会去思考自己为什么会这么做，他们的行为之所以会有差异，仅仅只是因为他们所处的社会文化不同。

需要注意的是，适当性逻辑与结果性逻辑并不是截然相对的。在社会中，任何行为都会产生特定的后果，不同的后果给行为体带来的效用是不一样的。在一开始，人们往往会通过理性的思考和计算去选择那些能够给自己带来更大效用的行为。在这时，人们的决策逻辑显然是结果性逻辑。但是，理性计算是有成本的，每个人在遇到相同或相似情况时都靠自己独立进行一遍理性计算，既耗神费力又无必要，因此人们开始注意观察和模仿那些结果比较好的行为选择，并逐渐将这种行为选择视为理所当然的而不假思索。此时的决策逻辑就逐渐过渡为适当性逻辑。从这个意义上讲，行为体即使最初是按照结果性逻辑遵守某种规范，只要遵守这种规范会持续带来较高的效用，行为体就会逐渐转变为按照适当性逻辑遵守规范。从演化的视角来看，规范存在的意义就在于代替个体的理性思考，其本质是在此前的互动中存活遗传下来的某种均衡选择。

无论是以哪种逻辑起作用，国际规范都的的确确在起作用，在深刻影响着国家和国际政治。尽管国际政治体系是一个无政府体系，尽管在国家之上没有更高的有强制约束力的权威，但是国家并不是生活在"真空"中，并不是真的可以（仅仅根据自身相对实力）为所欲为，而是也会受到"规范"这个看不见、摸不到的"无形之手"地约束和塑造，这是国际规范为什么重要的根本原因，也是国际关系理论之所以会关注国际规范问题的根本原因。

为了更直观地理解国际规范对国际政治的影响，我们不妨以主权规范为例。如果将国际体系视为纯粹的"弱肉强食"的丛林世界，那么大国在自身能力范围内没有理由不尽一切可能吞并小国，没有自卫能力的小国几乎不可能存活下来。但真实情况并不是这样。罗伯特·杰克逊（Robert H. Jackson）和卡尔·罗斯博格（Carl G. Rosberg）研究指出，第二次世界大战后实现独立的非洲国家，绝大多数都是世界上经济发展最落后的国家，这些国家中很多国家的政府管理能力羸弱，难以对所辖领土全境实现有效治理和管辖，并且绝大多数国家内部族群林立，缺乏统一的民族认同，族群间冲突甚至内战时有发生，如果根据从物质层面对国家的定义，这些国家中很多甚至都不能被视作国家。如果纯粹遵循现实主义的无政府逻辑，这些非洲弱国应该很快会在激烈的安全竞争中被强国兼并。事实情况却是，这些国家从其独立开始就始终存在，既没有哪个国家因内战而分裂为更小的国家，也没有哪个国家被其他国家兼并。两位学者指出，导致非洲国家持续生存的最核心原因，就是主权规范在第二次世界大战后被国际社会所普遍接受，并成为国际社会的核心原则。[①]

[①] Robert H. Jackson and Carl G. Rosberg, "Why Africa's Weak States Persists: The Empirical and the Juridical in Statehood," *World Politics*, Vol. 35, No. 1, 1982, pp. 1–24.

1990年8月,伊拉克军队入侵并占领科威特全境。伊拉克总统萨达姆宣布吞并科威特,将其划为伊拉克的"第19个省",并称它"永远是伊拉克不可分割的一部分"。这是迄今为止国际社会出现的最后一次明确以武力吞并他国为目的的侵略战争。战争爆发后,联合国在第一时间以14票赞成,0票反对,通过了谴责伊拉克违反联合国宪章、要求其撤军的第660号决议。美国领导的多国联合部队迅速对伊拉克发动进攻,最终迫使伊拉克接受联合国660号决议,并从科威特撤军。这是联合国历史上首次将《联合国宪章》第七条规定的集体安全程序付诸实践,并成功制裁和纠正了一起违反国家主权和领土完整规范的行为。值得注意的是,这个案例不仅直观展示了规范的负面保障作用,即在规范被国际社会成员普遍接受的情况下,违背该规范将可能受到非常迅速和显著的惩罚,而且还展示了规范的正面塑造作用:伊拉克虽然因其侵略行为而受到国际社会的严厉制裁,但制裁的内容并不包括要求伊拉克割让任何领土,换言之,即使是侵犯他国主权的国家,其自身的主权也不应受到侵犯,这是主权规范被国际社会深层内化并影响国家决策的一个重要体现。[1]

第二节 国际规范的产生和退化

一 国际规范的主要推动力量

国际规范不是凭空产生的,而一定是有某种推动力量促使其形成和巩固。但究竟谁才是国际规范形成的主要推动力量,不同学派的学者观点不尽相同。

物质主义学者倾向于认为,主权国家特别是霸权国是国际规范

---

[1] Sharon Korman, *The Right of Conquest: The Acquisition of Territory by Force inInternational Law and Practice*, Oxford: Clarendon Press, 1996, pp. 292–301.

的主要推动者。约翰·伊肯伯里（G. John Ikenberry）和查尔斯·库普乾（Charles A. Kupchan）认为，霸权国除了直接依靠物质实力以实现对国际社会的控制和影响外，还可以通过推广自己的某种价值主张并使之社会化的方式，达到使其他国家按自己意愿采取行动的目的。霸权国推广自己价值理念并使之社会化的过程，就是某种国际规范产生和扩散的过程。两位学者指出，霸权国可以通过规范劝服（normative persuasion，即通过外交接触、文化交流等渠道对他国精英进行意识形态说服和跨国学习）、外部诱导（external inducement，即通过经济、军事等物质利益奖励或惩罚改变他国政策）和内部重建（internal reconstruction，即霸权国直接介入其他国家内部并改造其内部制度）三种机制实现规范的社会化。①

坦妮萨·法扎尔（Tanisha M. Fazal）认为，主权和领土完整规范的提出和强化，最主要的原因是作为世界最强国家的美国的倡导。美国之所以会提出主权和领土完整规范，既有其自身意识形态层面的因素，也有实用主义层面的因素。但无论出于哪种动机，这一规范一经美国倡导，其他多数国家就只好选择遵守，因为它们担心如果不遵守将受到美国的惩罚。② 阎学通同样将体系主导国作为国际规范的主要推动力量。他认为，主导国的领导性质决定了该国的国际行为，而该国的行为促使他国在国际互动中采取相同的行为原则；随着多数大国采取该种行为原则，该行为原则就社会化为了国际规范。主导国行为通过三条路径影响其他国家所遵循的行为原则，分别是示范—效仿、支持—强化和惩罚—维护。③

建构主义学者则更倾向于认为作为专家的个人和国际组织是国

---

① G. John Ikenberry and Charles A. Kupchan, "Socialization and Hegemonic Power," *International Organization*, Vol. 44, No. 3, 1990, pp. 283–315.
② Tanisha M. Fazal, *State Death: The Politics and Geography of Conquest, Occupation, and Annexation*, Princeton University Press, 2007, pp. 47–53.
③ 阎学通：《国际领导与国际规范的演化》，《国际政治科学》2011年第1期。

际规范的主要推动者。费丽莫和凯瑟琳·斯金克（Kathryn Sikkink）认为，大多数成功产生的新规范在其兴起阶段都有两个共同的特点，一是存在这些规范的倡导者，二是存在这些倡导者赖以活动的组织化平台。规范倡导者对规范的形成至关重要，因为他们能够通过命名、解读和戏剧化等方式引起大众对某个特定问题的注意或者"创造"某个特定问题。与此同时，所有国际层面的规范倡导者都需要某种组织化的平台来推动他们所倡导的规范。国际组织的一个显著特点就是它拥有教授和推广相关规范所必需的专业知识和信息，这些知识和信息对于改变其他行为体的行为至关重要。[①]

此外，也有学者认为，国际规范的推动者不是某个特定类别的国家或国际行为体，而是所有参与行为互动的全体国际成员。这些成员在特定的约束条件下经过多轮互动和博弈，积累形成了稳定的行为模式，这种行为模式就是规范。[②]

二 国际规范的产生和内化

作为一种社会建构的产物，国际规范是如何产生的，又是如何被国际社会普遍接受和内化的，是国际规范理论研究的一个重要问题。需要特别指出的是，如前所述，国际规范既有观念层面的属性，又有行为层面的属性，缺一不可。从行为层面看，当我们追问"一个国际规范为什么会产生和被接受"，等价于问"国际行为体为什么会如这个国际规范所规定的那样采取行动"。因此，国际规范产生和内化的原因，与国家接受和遵守国际规范的原因是同一个问题。

费丽莫和斯金克认为，国际规范的发展演变会经历兴起

[①] Martha Finnemore and Kathryn Sikkink, "International Norm Dynamics and Political Change," *International Organization*, Vol. 52, No. 4, 1998, pp. 896–900.

[②] 周方银：《国际规范的演化》，清华大学，博士论文，2006年。

（norm emergence）、扩散（norm cascade）和内化（internalization）三个阶段，这三个阶段构成了规范的"生命周期"。在兴起阶段，专业人士、非国家行为体或个别国家基于自我利益或信念，借助有效的组织平台提出某种规范建议并说服关键国家接受。在扩散阶段，新提出的国际规范通过国际组织等行为体的传授、说服等社会化机制，向国际社会其他成员传播。出于对合法性、自尊感以及国家声望等因素的考虑，更多的国家开始接受和遵守该规范。到了内化阶段，经过长期的习俗化和制度化，遵守该规范已经被各国视为理所当然的事情，决策者已不再思考和讨论是否应该遵守该规范。①

其他一些学者探讨了使国家接受和遵守规范的更具体的机制。杰弗里·切克尔（Jeffrey T. Checkel）指出，规范可以通过三种社会化机制对国家产生影响。第一种机制是奖惩（reward and punishment），即遵守某种规范会有收益而违反它会遭受损失。在这种机制下，规范只是纯粹影响国家的行为而没有影响国家的身份和偏好。第二种是角色扮演（role playing），国际规范赋予某个或某些国家以特定的角色或身份，国家开始以这种角色应该采取的行为模式采取行动。在这种机制下，国家的行为动机开始由结果性逻辑向适当性逻辑转变，国家采取某种行为并不一定是因为该行为（完全）符合自身的某种（物质）利益，而是因为国家意识到扮演这种"角色"的行为体应该这样做。第三种是规范说服（normative persuasion），国家通过实践、反思和形成习惯，接受了规范的合理性和正当性，从而自觉地按照规范所规定的模式行动。在这种机制下，国家遵守规范的逻辑完全转变为了适当性逻辑。②

---

① Martha Finnemore and Kathryn Sikkink, "International Norm Dynamics and Political-Change," *International Organization*, Vol. 52, No. 4, 1998, pp. 887 – 917.

② Jeffrey T. Checkel, "International Institutions and Socialization in Europe: Introduction and Framework," *International Organization*, Vol. 59, No. 4, 2005, pp. 801 – 822.

江忆恩所归纳的规范对行为体的影响机制分别是模仿（mimicking）、社会影响（social influence）和说服（persuasion）。"模仿"的逻辑是："因为每个人都在这么做并且都没遇到问题，所以在知道其他更好的选择之前，我也会这么做。"这是行为体在进入一个新领域面对新环境时的第一反应，这与经过理性计算之后做出的"效仿"（emulation）不同。"社会影响"的逻辑是："其他人都认为应该这么做，我这么做会得到社会的奖励，所以我会这么做。"该机制对某个行为体生效的一个前提是该行为体与其他社会行为体对什么样的行为是社会鼓励的、什么样的行为是社会反对的有相同的理解。出于对自身社会认同的敏感，行为体倾向于选择那些被社会其他成员广泛接受的行为选项。"说服"机制的逻辑是："因为这样做对我来说是好的、是正常的，所以我应该这么做。"在该机制下，行为体内化了对其所处环境运作过程的理解，该环境的运作过程以及这一过程对处于该环境中的行为体的行为要求，在该行为体看来是正常的、给定的和正当的。[①]

国际规范的传播广度和接受程度还与被接受者的自身特点有关。切克尔指出，一国国内社会文化与某个国际规范的"文化匹配"程度直接影响该规范在该国的扩散和接受程度，而该国国内的社会政治结构则直接关系到该规范以哪种方式在该国扩散最有效。"文化匹配"是指一个国际规范所提倡的行为建议与一国国内规范趋同，这种趋同体现在政治社会话语、法律体系、官僚体系等方面。国际规范建议与国内规范实践的趋同程度越高，国际规范被该国接受的可能性越大。就国际规范在一国的扩散方式而言，主要有由非政府行为体推动的"自下而上"和由政府决策者推动的"自上而下"两种模式。切克尔指出，如果国内政治社会结构是自

---

① Alastair Iain Johnson, *Social States: China in International Institutions: 1980 - 2000*, Princeton: Princeton University Press, 2008.

由主义式的或社团主义式的,则国际规范在该国的扩散模式主要是"自下而上",扩散的主要动力来自社会压力(societal pressure on elite);如果国内结构是国家主义式的或国家主导式的,则主要采取"自上而下"模式,扩散动力主要源于精英学习(elite learning)。① 杰弗里·勒格罗(Jeffrey W. Legro)的研究同样指出,国内政治组织对于何种行为是适当的主导性观念与国际规范的主张越契合,国际规范被该国接受和采纳的可能性就越大。②

阿米塔夫·阿查亚(Amitav Acharya)认为,国际规范在各国的扩散是一个动态的过程,扩散的结果绝大多数时候并不是简单地接受或者拒绝,而是会被不同程度地"地方化"(localization)。所谓"地方化",就是国家有意识地挑选国际规范中与本国已有规范相近同时又能对本国所追求目标有所助益的内容加以接受和倡导。"地方化"既不是全盘接受现有国际规范,也不是全盘拒绝,而是有所取舍,从而使国际规范与本国的思想传统和现状相适应。阿查亚总结了促使国家"地方化"国际规范的四个条件:一是决策者认为新出现的国际规范能够提升本国或本地区现有制度和实践的合法性和权威性,同时又不会从根本上改变其现有的社会认同;二是现有的地方性规范的内化程度较深;三是该国或该地区拥有可靠的新规范倡导者。倡导者越被其目标观众视为本国或本地区价值观和身份的捍卫者,倡导者就越被认为是可靠的;四是新规范的潜在接受者坚信他们的价值观和互动方式是独特的。条件一和条件三保证了国家有动力和条件接受新的规范,条件二和条件四则迫使国家必须将新规范加以一定程度的改

---

① Jeffrey T. Checkel, "Norms, Institutions and National Identity in Contemporary Europe," *International Studies Quarterly*, Vol. 43, No. 1, 1999, pp. 83–114.
② Jeffrey W. Legro, "Which Norms Matter! Revising the 'Failure' of Internationalism," *International Organization*, Vol. 51, No. 1, 1997, pp. 31–63.

造而不能全盘接受。①

三 国际规范的退化

任何国际规范都既不是凭空产生的，也不会永久存续。如果说国际规范的产生、传播和内化是一个国际规范的生命力不断增强的过程，那么国际规范的退化就是一个国际规范的生命力逐渐萎缩乃至消亡的过程。莱德·麦基恩（Ryder Mckeown）的研究指出了一个规范退化的困惑：美国曾是反虐囚规范的坚定支持者，美国国内社会对反虐囚规范的内化程度很深，但在"9·11"事件后的反恐战争中，美军不断突破和违反了这一规范，却并未遭到国内社会的强烈抵制，反虐囚规范遭遇了严重的合法性危机。麦基恩指出，之所以会出现这种变化，是因为小布什政府利用了国内民众对恐怖分子的恐惧和仇恨心理，不断将恐怖分子描绘为是邪恶的并有可能威胁美国对自由主义的认同，使民众逐渐接受虐囚这种手段对于反恐来说是必要的和正当的。麦基恩的研究表明，即使原本被广泛接受和内化的规范也同样存在退化和消亡的可能。②

安·弗洛里尼（Ann Florini）将国际规范的演化和基因的演化进行类比，指出国际规范与生命体的基因一样，都遵循"优胜劣汰""适者生存"的基本法则。国际社会中，在任何特定领域，往往都存在不止一种规范，这些规范所倡导的行为方式不同，它们为了获得"时间和注意力"而相互竞争，就像不同的基因为染色体上的位置竞争一样。在竞争中，那些能够获得更多行为体认同的规范会存续更长的时间，扩散到更广阔的人群，而那些不具备吸引

---

① Amitav Acharya, "How Ideas Spread: Whose Norms Matter? Norm Localization and Institutional Change in Asia Regionalism," *International Organization*, Vol. 58, No. 2, 2004, pp. 239 – 275.

② Ryder Mckeown, "Norm Regress: US Revisionism and the Slow Death of the Torture Norm," *International Relations*, Vol. 23, No. 1, 2009, pp. 5 – 25.

力、难以得到认同的规范则会被淘汰出局。新的规范不断涌现，旧的规范不断消亡，国际规范就在这样的动态过程中不断演化。[①]

思考题

1. 如何理解主导国建立的规范更容易发展成为国际规范？
2. 影响国际规范内化的可能原因有哪些？

---

① Ann Florini, "The Evolution of International Norms," *International Studies Quarterly*, Vol. 40, No. 3, 1996, pp. 363-389.

第十五章
中国的国际关系理论创新

中国的国际关系理论创新

从 1964 年在北京大学、复旦大学和中国人民大学设置国际政治系至今，中国的国际关系理论研究可以大致分为四个阶段：前理论学习阶段、初步理论学习阶段、深化理论学习阶段和初步理论创新阶段。①

20 世纪 90 年代以前，中国国际关系理论研究大致处于前理论学习阶段。这一阶段的中国国际关系研究还尚未完全实现学术研究、政策分析、政治宣示三者的区分，研究人员也普遍缺乏这种区分的自觉。这一时期各种研究文献中所使用的"理论"一词，大多指的是政治行动的纲领、方针和原则，基本上不存在学术和知识导向的理论探讨。当然，进入 20 世纪 80 年代后，开始出现对西方国际关系理论的译介和述评。不过这一时期对西方理论的引进工作仍是零星的、不成体系的，尚未引起广泛的重视。

20 世纪 90 年代是初步理论学习阶段。这一时期学界开始有意识、有计划地系统引进西方国际关系理论，现实主义、自由主义、马克思主义等西方重要理论流派的代表性著作均在这一时期被翻译出版，这意味着此时的中国国际关系学界已经开始认识到（知识

---

① 这里参考了秦亚青的划分方法，参见秦亚青《中国国际关系理论研究的进步与问题》，《世界经济与政治》2008 年第 11 期。

导向的）理论对中国国际关系学科发展的重要意义。同时，这一时期也出现了比较有影响的国际关系理论教材，这些教材代表了当时中国学界对西方理论学习和掌握的最高水平。[①] 此外，这一时期开始出现西方国际关系理论的应用和实证研究。[②] 当然，这种原创性的学术成果在这一时期仍属凤毛麟角，对西方现有理论的介绍和梳理仍是理论研究的绝对主流，并且这种介绍和梳理大致停留于几大范式的主干理论和主干学者，西方许多重要的中层理论（如均势理论、联盟理论、威慑理论、一体化理论、民主和平论等）中国学界仍关注甚少。

21世纪的第一个十年是深化理论学习阶段。这一时期西方重要理论著作的翻译引进工作仍在继续。特别是随着2000年建构主义代表著作《国际政治的社会理论》译著的出版，使中国学界前所未有地接近了西方国际关系理论的发展前沿，这极大地增强了中国国际关系学者的学术信心和理论热情。受此影响，中国学者对西方理论的学习和梳理开始向纵深发展，对各理论范式内部各种分支的比较分析、对各种重要中层理论的梳理评价在这一时期中国国际关系理论研究成果中占据了重要位置。与此同时，这一时期中国学者的理论创新意识开始萌发，这不仅表现在这一时期关于发展国际关系的中国学派的呼声日益高涨，更重要的是，这一时期中国学者开始成规模地参与到对现有理论的实证检验和创造性应用研究中，加之这一时期科学实证方法在中国学界的日益普及，使得有理论创新色彩的高水平实证研究成果开始逐渐涌现。

进入21世纪的第二个十年，中国国际关系学开始进入初步理论创新阶段，标志性成果和事件就是唐世平、秦亚青和阎学通三位

---

① 如金应忠、倪世雄《国际关系理论比较研究》，中国社会科学出版社1992年版；王逸舟《西方国际政治学：历史与理论》，上海人民出版社1998年版。
② 最具代表性的是阎学通《中国国家利益分析》，天津人民出版社1996年版；秦亚青《霸权体系与国际冲突》，上海人民出版社1999年版。

学者分别提出自己的原创性宏理论,并分别在牛津大学出版社、剑桥大学出版社和普林斯顿大学出版社出版专著。牛津、剑桥和普林斯顿大学出版社均系世界顶级的学术出版平台,能够通过这些出版社的高标准评审在其上发表理论专著,这在2013年以前的中国国际关系学界都是完全不敢想象的事。这也充分证明了中国国际关系理论研究所取得的长足进步,也标志着国际主流学界开始承认中国国际关系学者的自主理论创新能力,也标志着中国国际关系学开始从纯粹的知识进口向进口与出口兼具的方向转变。以下对上述三位中国学者的理论进行简要介绍。

一 秦亚青的国际政治关系理论

秦亚青是中国国际关系学界建构主义范式最具代表性的学者。在理论研究过程中,秦亚青受到建构主义所强调的国际体系的"过程"因素以及身份建构等机制的启发,同时借鉴中国传统儒家文化中的"关系"思想,发展出了一个基于观念主义本体论的国际政治关系理论。该理论旨在在现有的国际关系"元理论"之外提供一个新的理解国际政治的初始视角。

秦亚青认为,行为体首先都是关系中的行为体。从人们来到这个世界的那一刻起,就始终处于一个又一个关系网络之中,国家同样如此。因此国际关系学首先应当研究关系。然而遗憾的是,自称"国际关系"的这门学科迄今尚未对"关系"本身做出理论上的系统梳理和解释。为弥补这一不足,秦亚青将"关系"作为其理论的出发点和核心概念。他认为,"关系"是中国文化哲学中最重要的概念之一,是儒家文化体和实践体的产物。将"关系"置于理论建构的核心位置,就是要提炼出国际政治的"关系性"。关系性意味着,关系是任何社会人做出决定和采取行动的基本依据,每个社会人都是依据其在此时此地所处的关系网络中的位置以及这一位置与关系网络中其他行为体的相对关系来判断情势和进行决策的。

在日常生活中，当甲向乙提出某种诉求（比如向乙借钱）时，乙的第一反应往往并不是去做精确的利益计算，而是首先考虑自己和甲的关系，并以关系的性质和程度来决定是否同意甲的诉求。中国在制定对俄罗斯政策时必然依据当前的中俄关系，同时还会考虑此时的中美关系、美俄关系等其他能对中俄关系产生影响的双边关系。

从关系性这一基本视角出发，关系理论认为，决定一个体系特征的并不是体系单元的自身特征，而是这些单元之间的关系类型。不同的关系类型导致了不同体系的不同统治形式、治理模式和秩序原则。近代欧洲的威斯特伐利亚体系和古代东亚的朝贡体系之所以不一样，核心就是因为这两个体系中单元之间的关系类型不同：威斯特伐利亚体系的单元之间是相互平等、彼此独立的关系，而朝贡体系中，某些单元至少在名义上臣属于另一些单元，彼此是领导与被领导的关系。此外，关系理论还认为，理性固然重要，但在本体论上应服从于关系性，毕竟只有当一个人在复杂的社会关系网络中明确了自己的位置和相对身份之后，他才会知道什么行为是理性的。一个人对陌生人采取的理性行为对自己的父母来说也许就不是理性的。在关系理论看来，管理和管控关系构成了世界政治的大部分内容。[1]

二 阎学通的道义现实主义

阎学通是中国国际关系学界现实主义范式最具代表性的学者，他的理论自然也受到现实主义的影响。比如，道义现实主义接受国家是国际政治中的最主要行为体、国际政治的无政府状态是客观存在、大国的权力竞争是国际政治的核心矛盾等现实主义的基本假

---

[1] Yaqing Qin, *A Relational Theory of World Politics*, Cambridge: Cambridge University Press, 2018.

定，但同时，道义现实主义又受到中国先秦政治思想特别是荀子政治思想的影响，突出强调道义、信誉等因素对国家权力和实力的影响。阎学通将西方现实主义思想和中国古代政治道义思想相结合，发展出一个全新的现实主义理论分支：道义现实主义理论。

道义现实主义关注的核心问题是崛起国如何（以及应当如何）超越霸权国而实现权力转移。与其他现实主义流派强调物质实力（亦即硬实力）特别是其中的军事实力不同，道义现实主义认为，作为软实力之一的政治实力才是决定国家崛起成败和权力转移结果的决定性因素，一国政治实力在国际层面的最主要体现就是该国的国际领导力。而决定一国政治实力的核心因素就是该国政府特别是作为该国政府代表的领导人的道义水平。由于道义存在多种标准，阎学通在其理论构建中将是否有战略信誉作为衡量道义水平的最低标准，也是绝大多数情况下对道义的事实上的操作化标准。阎学通认为，道义能够直接影响国家的权力，这是因为遵守道义能够增加一国作为领导国的合法性，从而赋予该国更多的国际影响力；同时，道义也能间接影响国家的实力，这是因为道义可以增加一国的国际动员能力，从而使该国在有需要时能够从国际社会获得更多的物质资源。

道义现实主义以大国是否遵守信誉和是否对敌友坚持一致标准，将大国的国际领导类型划分为四类，分别是王道型（不区分敌友，对所有国家均讲信誉）、霸权型（对友方讲信誉对敌方不择手段）、强权型（不区分敌友，对所有国家均不讲信誉）和昏庸型（既对敌友采取双重标准又对敌友都不讲信誉）。这四种国际领导类型中，后两种的道义水平最差，王道型的道义水平优于霸权型的道义水平。道义现实主义进一步认为，不同的国际领导类型会对国际格局、国际规范和国际秩序产生不同的影响，简单来说，道义水平越高的领导类型国家，越有可能促成相互信任和合作的国际规范，越有可能实现和保持国际秩序的稳定，反之，大国道义水平越低，国际体系越有可能陷入分裂、对抗和相互背叛。①

三 唐世平的社会演化理论

秦亚青和阎学通的理论创新路径都是借鉴中国传统政治思想并将其与现有国际关系理论范式进行嫁接。与之相比，唐世平的国际政治的社会演化理论并没有明显的中国元素，而是在借鉴吸收生物演化思想的基础上，在国际关系理论谱系中引入了一个全新的演化主义范式。在此前的主流国际关系理论中，现实主义明确反对演化，认为国际政治的本质千年不变，适用于19世纪欧洲的国际关系理论同样适用于春秋战国时期的中国，也适用于21世纪的全球政治。部分自由主义理论思想和建构主义在不同程度上承认国际政治存在变化的可能性，但都没有在严肃学术意义上使用"演化"这个概念，并且大都未能给出具体的国际政治演变机制。

唐世平的《国际政治的社会演化》一书在很大程度上填补了国际关系理论的这一空白。唐世平在书中指出，国际政治与生态系统以及其他人类社会系统一样，都是不断演化的系统，都遵循"变异—选择—遗传"这一核心的演化机制。不过，生物进化的过程中只有物质力量发挥作用，而包括国际政治在内的社会进化则同时包括了物质和观念两方面因素的作用，当然物质因素起基础和主要作用。基于这一认识，唐世平在这本书中提出了国际政治的社会演化理论，其核心思想是，国际政治是随时间不断演化的，不存在"国际政治的本质千年不变"这样的神话，不同时期的国际政治差异是如此之大，以至于必须借助不同的国际政治理论才能加以理解。

唐世平将公元前8000年到现在的国际政治进程划分为四个阶段，分别是伊甸园世界、进攻性现实主义世界、防御性现实主义世

---

① Yan Xuetong, *Leadership and the Rise of Great Powers*, Princeton: Princeton University Press, 2019.

界和新自由制度主义世界。伊甸园世界人口稀少，自然物质资源丰富，几乎没有战争。然而恰恰由于人口少且资源丰富，人口得以迅速增长，资源开始由充足变得稀缺，战争也由此发端并变得日益频繁，国际体系因此开始逐渐演化进入进攻性现实主义世界。在进攻性现实主义世界，只有不断扩张的国家才能生存，但随着扩张的持续，那些扩张成功的国家领土规模开始变得越来越大，这反过来使得扩张行为本身变得日益困难，最终当扩张的收益显著小于扩张的成本时，体系开始鼓励防御性战略，并由此演化进入防御性现实主义世界。在防御性现实主义世界，只有那些奉行防御性战略的国家才能确保生存和繁荣，这也使得防御性现实主义世界有可能保持长期和平和稳定，这种安全的状态又进一步催生了基于规则的新自由制度主义世界。国际政治在时间维度的这种演化属性提示我们，国际关系理论具有时代性，不同时代需要不同的国际关系理论。[①]

思考题

1. 与前面各章所介绍的国际关系理论相比，本章介绍的中国学者的理论创新体现在哪些方面？

2. 根据本门课程所学知识，你认为可以从哪些途径推动国际关系理论创新？

---

① Shiping Tang, *The Social Evolution of International Politics*, Oxford: Oxford University Press, 2013.

参考文献

（一）中文文献

国内著作

陈乐民主编：《西方外交思想史》，中国社会科学出版社 1995 年版。

金应忠、倪世雄：《国际关系理论比较研究》，中国社会科学出版社 1992 年版。

秦亚青：《霸权体系与国际冲突》，上海人民出版社 1999 年版。

秦亚青：《权力·制度·文化》，北京大学出版社 2005 年版。

王逸舟：《西方国际政治学：历史与理论》，上海人民出版社 1998 年版。

吴春华主编：《西方政治思想史》第四卷，天津人民出版社 2005 年版。

徐大同主编：《西方政治思想史》第三卷，天津人民出版社 2006 年版。

阎学通：《中国国家利益分析》，天津人民出版社 1996 年版。

中央编译局：《马克思恩格斯全集》第一卷，人民出版社 1957 年版。

中央编译局：《马克思恩格斯全集》第三卷，人民出版社 1960

年版。

外国著作

［美］彼得·卡赞斯坦：《国家安全的文化：世界政治中的规范与认同》，宋伟、刘铁娃译，北京大学出版社 2009 年版。

［美］弗兰克·梯利：《西方哲学史（增补修订本）》，伍德增补，葛力译，商务印书馆 1995 年版。

［美］汉斯·摩根索：《国家间政治：权力斗争与和平》，徐昕、郝望、李保平译，北京大学出版社 2006 年版。

［美］肯尼思·华尔兹：《国际政治理论》，信强译，上海人民出版社 2008 年版。

［美］肯尼思·汤普森：《国际思想之父》，谢峰译，北京大学出版社 2005 年版。

［美］列奥·施特劳斯、约瑟夫·克罗波西主编：《政治哲学史》第三版，李洪润等译，法律出版社 2009 年版。

［美］罗伯特·吉尔平：《国际关系政治经济学》，杨宇光等译，经济科学出版社 1989 年版。

［美］罗伯特·基欧汉：《局部全球化世界中的自由主义、权力与治理》，门洪华译，北京大学出版社 2004 年版。

［美］罗伯特·基欧汉：《霸权之后：世界政治经济中的合作与纷争》，苏长和、信强、何曜译，上海人民出版社 2006 年版。

［美］罗伯特·基欧汉、约瑟夫·奈：《权力与相互依赖》，门洪华译，北京大学出版社 2002 年版。

［美］迈克尔·希斯考克斯：《国际贸易与政治冲突：贸易、联盟与要素流动程度》，于扬杰译，中国人民大学出版社 2005 年版。

［美］托马斯·库恩：《科学革命的结构》，金吾伦、胡新和译，北京大学出版社 2012 年版。

［美］亚历山大·温特：《国际政治的社会理论》，秦亚青译，上海

人民出版社 2008 年版。

[美] 詹姆斯·多尔蒂、小罗伯特·普法尔茨格拉夫：《争论中的国际关系理论》第五版，阎学通、陈寒溪等译，世界知识出版社 2013 年版。

[加] 罗伯特·杰克逊、[丹] 乔格·索伦森：《国际关系理论与方法》第四版，吴勇、宋德星译，中国人民大学出版社 2012 年版。

[加] 江忆恩：《文化现实主义：中国历史上的战略文化与大战略》，朱中博、郭树勇译，人民出版社 2015 年版。

[英] 爱德华·卡尔：《20 年危机（1919—1939）：国际关系研究导论》，秦亚青译，世界知识出版社 2005 年版。

[英] 边沁：《道德与立法原理导论》，时殷弘译，商务印书馆 2000 年版。

[英] 洛克：《政府论》下篇，叶启芳、瞿菊农译，商务印书馆 1964 年版。

[英] 霍布斯：《利维坦》，黎思复、黎廷弼译，商务印书馆 1985 年版。

[英] 亚当·斯密：《道德情操论》，谢宗林译，中央编译出版社 2008 年版。

[英] 亚当·斯密：《国民财富的性质和原因（下卷）》，郭大力等译，商务印书馆 2008 年版。

[法] 达里奥·巴蒂斯特拉：《国际关系理论》，潘格平译，社会科学文献出版社 2010 年版。

[法] 卢梭：《论人类不平等的起源和基础》，李常山译，商务印书馆 1997 年版。

[法] 卢梭：《评圣皮埃尔神甫的两部政治著作》，李平沤译，商务印书馆 2017 年版。

[德] 康德：《历史理性批判文集》，何兆武译，商务印书馆 1996 年版。

［意］马基雅维利：《君主论》，潘汉典译，商务印书馆1985年版。

［挪］托布约尔·克努成：《国际关系理论史导论》，余万里，何宗强译，天津人民出版社2005年版。

［希］修昔底德：《伯罗奔尼撒战争史》，徐松岩译，上海人民出版社2015年版。

［古罗马］西塞罗：《论共和国》，王焕生译，中国政法大学出版社1997年版。

［日］青木昌彦：《比较制度分析》，周黎安译，上海远东出版社2001年版。

国内期刊、论文

陈志瑞、刘丰：《国际体系、国内政治与外交政策理论——新古典现实主义的理论构建与经验拓展》，《世界经济与政治》2014年第3期。

何俊毅：《论边沁的普遍永久和平计划》，《人大法律评论》2016年第1期。

胡欣：《康德国际政治观的精神解读——乐观主义、渐进变革和终极关怀》，《世界经济与政治》2010年第2期。

刘丰、左希迎：《新古典现实主义：一个独立的研究纲领?》，《外交评论》2009年第4期。

刘丰：《国际政治中的联合阵线》，《外交评论》2012年第5期。

秦亚青：《中国国际关系理论研究的进步与问题》，《世界经济与政治》2008年第11期。

阎学通：《国际领导与国际规范的演化》，《国际政治科学》2011年第1期。

周方银：《国际规范的演化》，清华大学，博士论文，2006年。

（二）英文文献

英文著作

Alastair Iain Johnson, *Social States: China in International Institutions: 1980 - 2000*, Princeton: Princeton University Press, 2008.

Allan Gilbert, ed., *Machiavelli: The Chief Works and Others*, Durham: Duke University Press, 1989.

Arthur A. Stein, *Why Nations Cooperate*, Ithaca: Cornell University Press, 1990.

Brett V. Benson, *Constructing International Security: Alliances, Deterrence, and Moral Hazard*, Cambridge: Cambridge University Press, 2012.

Bruce Russett, *Grasping the Democratic Peace: Principles for a Post-cold War World*, Princeton: Princeton University Press, 1993.

Bruce Russett and John Oneal, *Triangulating Peace: Democracy, Interdependence, and International Organizaiotns*, New York: W. W. Noton Company, 2001.

Chris Brown and Kirsten Ainley, *Understanding International Relations*, 3rd Edition, Houndmills: Palgrave Macmillan, 2005.

Colin Dueck, *Reluctant Crusaders: Power, Culture, and Change in American Grand Strategy*, Princeton: Princeton University Press, 2006.

David A. Lake, *Entangling Relations: American Foreign Policy in Its Century*, Princeton: Princeton University Press, 1999.

David A. Lake, *Hierarchy in International Relations*, Ithaca and London: Cornell University Press, 2009.

David Wilkinson, *Deadly Quarrels: Lewis F. Richardson and the*

Statistical Study of War, Berkeley and Los Angeles: University of California Press, 1980.

Edward D. Mansfield and Brian M. Pollins, eds., *Economic Interdependence and International Conflict: New Perspectives on an Enduring Debate*, Ann Arbor: University of Michigan Press, 2003.

Fareed Zakaria, *From Wealth to Power: the Unusual Origins of America's World Role*, Princeton: Princeton University Press, 1998.

Gilbert Murray, *The Ordeal of this Generation: The War, the League and the Future*, London: George Allen and Unwin, 1929.

Glenn H. Snyder, *Alliance Politics*, Ithaca and London: Cornell University Press, 1997.

Hedley Bull, *The Anarchical Society*, New York: Columbia University Press, 1977.

Jack Snyder, *Alliance Politics*, Ithaca: Cornell University Press, 1997.

James Der Derian ed., *International Theory Critical Investigations*, London: Macmillan Press LTD, 1995.

James N. Rosenau, *The Scientific Study of Foreign Policy*, London: Francis Pinter, 1980.

Jeremy Pressman, *Warring Friends: Alliance Restraint in International Politics*, Ithaca: Cornell University Press, 2008.

Jeffrey W. Taliaferro, *Balancing Risks: Great Power Intervention in the Periphery*, Ithaca: Cornell University Press, 2004.

John J. Mearsheimer, *The Tragedy of Great Power Politics*, New York: W. W. Norton, 2001.

John Vasquez, *The power of Power Politics*, Cambridge: Cambridge University Press, 1998.

Katherine Barbieri, *The liberal Illusion: Does Trade Promote Peace?* Ann Arbor: University of Michigan Press, 2002.

Klaus Knorr and Sidney Verba, eds., *The International System: Theoretical Assays*, Princeton: Princeton University Press, 1961.

Lewis Frye Richardson, *Statistics of Deadly Quarrels*, Chicago: Quadrangle Books, 1961.

Mancur Olson, *The Logic of Collective Action*, Cambridge: Harvard University Press, 1965.

Martha Finnemore, *National Interests in International Society*, Ithaca: Cornell University Press, 1996.

Melvin Small and J. David Singer, *Resort to Arms: International and Civil Wars, 1816 - 1929*, LosAngeles: Sage Publications, 1982.

Michael H. Hunt, *Ideology and U. S. Foreign Policy*, 2nd Edition, New Haven and London: Yale University Press, 2009.

Norman Angell, *The Great Illusion: A Study of the Relation of Military Power in Nations to Their Economic and Social Advantage*, New York and London: G. P. Putnam's Sun, 1910.

Oliver Williamson, *Markets and Hierarchies: Analysis and Anti-Trust Implications*, New York: The Free Press, 1975.

Patricia A. Weitsman, *Dangerous Alliances: Proponents of Peace, Weapons of War*, Stanford: Stanford University Press, 2004.

Randall L. Schweller, *Unanswered Threats: Political Constraints on the Balance of power*, Princeton: Princeton University Press, 2006.

Renald Rogowski, *Commerce and Coalitions: How Trade Affects Political Alignments*, Princeton: Princeton University Press, 1989.

Richard N. Rosecrance, *The Rise of the Trading State: Commerce and Conquest in the Modern World*, New York: Basic Books, 1986.

Robert Keohane ed., *Neorealism and Its Critics*, Columbia: Columbia University Press, 1986.

Robert Keohane, *International Institutions and State Power: Essays in*

International Relations Theory, Boulder: Westview Press, 1989.

Robert Keohane and Joseph S. Nye, eds. , *Transnational Relations and World Politics*, Cambridge: Harvard University Press, 1972.

Russell Hardin, *Collective Action*, Baltimore: The Johns Hopkins University Press, 1982.

Sharon Korman, *The Right of Conquest: The Acquisition of Territory by Force inInternational Law and Practice*, Oxford: Clarendon Press, 1996.

Shiping Tang, *The Social Evolution of International Politics*, Oxford: Oxford University Press, 2013.

Stephen M. Walt, *The Origins of Alliance*, Ithaca: Cornell University Press, 1987.

Tanisha M. Fazal, *State Death: The Politics and Geography of Conquest, Occupation, and Annexation*, Princeton University Press, 2007.

Tim Dunne, Milja Kurki, and Steve Smith, eds. , *International Relations Theories: Discipline and Diversity*, 3rd Edition, Oxford: Oxford University Press, 2012.

Thomas J. Christenson, *Useful Adversaries: Grand Strategy, Domestic Mobilization, and Sino-American Conflict, 1947 – 1958*, Princeton: Princeton University Press, 1996.

Thomas Risse, Stephen C. Ropp, and Kathryn Sikkink, eds. , *The Power of Human Rights: International Norms and Domestic Change*, Cambrige University Press, 1999.

Tongfi Kim, *The Supply Side of Security: A Market Theory of Military Alliances*, Stanford: Stanford University Press, 2016.

Victor Cha, *Powerplay: The Origins of the American Alliance System in Asia*, Princeton: Princeton University Press, 2016.

William C. Wohlforth, *The Elusive Balance: Power and Perceptions* during the Cold War, Ithaca: Cornell University Press, 1993.

Yaqing Qin, *A Relational Theory of World Politics*, Cambridge: Cambridge University Press, 2018.

Yan Xuetong, *Leadership and the Rise of Great Powers*, Princeton: Princeton University Press, 2019.

英文期刊

Ann Florini, "The Evolution of International Norms," *International Studies Quarterly*, Vol. 40, No. 3, 1996, pp. 363 – 389.

Amitav Acharya, "How Ideas Spread: Whose Norms Matter? Norm Localization and Institutional Change in Asia Regionalism," *International Organization*, Vol. 58, No. 2, 2004, pp. 239 – 275.

Barry Buzan, "Economic Structure and International Security: The Limits of the Liberal Case," *International Organization*, Vol. 38, No. 4, 1984, pp. 597 – 624.

Brett Ashley Leeds, et al., "Alliance Treaty Obligations and Provisions: 1815 – 1944," *International Interactions*, Vol. 68, No. 3, 2002, pp. 237 – 260.

Charles P. Kindleberger, "Dominance and Leadership in the International Economy," *International Studies Quarterly*, Vol. 25, No. 3, 1981, pp. 242 – 254.

Christopher Gelpi, "Alliances as Instruments of Intra-Allied Control," in Helga Haftendorn, Robert O. Keohane, and Celeste A. Wallander, eds., *Imperfect Unions: Security Institutions over Time and Space*, Oxford: Oxford University Press, 1999, pp. 107 – 139.

Dale C. Copeland, "The Constructivist Challenge to Structural Realism," *International Security*, Vol. 25, No. 2, 2000, pp. 187 – 212.

Dean Babst, "A Force for Peace," *The Wisconsin Sociologist*, Vol. 3,

No. 1, 1964, pp. 9 – 14.

Edward D. Mansfiled and Jack Synder, "Democratization and the Danger of War," *International Security*, Vol. 20, No. 1, 1995, pp. 5 – 38.

Edward D. Mansfield and Jon C. Pevehouse, "Trade Blocs, Trade Flows, and International Conflict," *International Organization*, Vol. 54, No. 4, 2000, pp. 775 – 808.

Eric A. Miller and Arkady Toritsyn, "Bringing the Leader Back In: Internal Threats andAlignment Theory in the Commonwealth of Independent States," *Security Studies*, Vol. 14, No. 2, 2005, pp. 325 – 363.

G. John Ikenberry and Charles A. Kupchan, "Socialization and Hegemonic Power," *International Organization*, Vol. 44, No. 3, 1990, pp. 283 – 315.

Gideon Rose, "Neoclassical Realism and Theories of Foreign Policy," *World Politics*, Vol. 51, No. 1, 1998, pp. 144 – 177.

Glenn H. Snyder, "The Security Dilemma in Alliance Politics," *World Politics*, Vol. 36, No. 4, 1984, pp. 461 – 495.

Havard Hegre, "Development and the Liberal Peace: What Does It Take to be a Trading State?" *Journal of Peace Research*, Vol. 37, No. 1, 2000, pp. 5 – 30.

Hedley Bull, "International Theory: The Case for a Classical Approach," *World Politics*, Vol. 18, No. 3, 1966, pp. 361 – 377.

J. David Singer, "Accounting for International War: The State of the Discipline," *Journal of Peace Research*, Vol. 18, No. 1, 1981, pp. 1 – 18.

Jack S. Levy, "Domestic Politics and War," in Robert I. Rotberg and Theodore K. Rabb, *The Origin and Prevention of Major Wars*, New

York: Cambridge University Press, 1989, pp. 79 – 100.

James D. Fearon, "Signaling Foreign Policy Interests: Tying Hands versus Sinking Costs," *Journal of Conflict Resolution*, Vol. 41, No. 1, 1997, pp. 68 – 90.

James D. Morrow, "Alliances and Asymmetry: An Alternative to the Capability Aggregation Model for Alliances," *American Journal of Political Science*, Vol. 35, No. 4, 1991, pp. 906 – 933.

James D. Morrow, "Alliances: Why Write Them Down?" *Annual Review of Political Science*, Vol. 3, No. 1, 2000, pp. 63 – 83.

James D. Morrow, "How could Trade Affect Conflict?" *Journal of Peace Research*, Vol. 36, No. 4, 1999, pp. 481 – 489.

Jeffrey T. Checkel, "International Institutions and Socialization in Europe: Introduction and Framework," *International Organization*, Vol. 59, No. 4, 2005, pp. 801 – 822.

Jeffrey T. Checkel, "Norms, Institutions and National Identity in Contemporary Europe," *International Studies Quarterly*, Vol. 43, No. 1, 1999, pp. 83 – 114.

Jeffrey W. Legro, "Which Norms Matter! Revising the 'Failure' ofInternationalism," *International Organization*, Vol. 51, No. 1, 1997, pp. 31 – 63.

Jeffrey W. Legro and Andrew Moravcsik, "Is Anybody Still a Realist?" *International Security*, Vol. 24, No. 2, 1999, pp. 5 – 55.

Jonathan Kirshner, "The Tragedy of Offensive Realism: Classical Realism and the Rise of China," *European Journal of International Relations*, Vol. 18, No. 1, 2010, pp. 53 – 75.

John Gerard Ruggie, "What Makes the World Hang Together? Neo-utilitarianism and the Social Constructivist Changes," *International Organization*, Vol. 52, No. 4, 1998, pp. 855 – 885.

John H. Herz, "Idealist Internationalism and the Security Dilemma," *World Politics*, Vol. 2, No. 2, 1950, pp. 157 – 180.

John M. Owen, "How Liberalism Produces Democratic Peace," *International Security*, Vol. 19, No. 2, 1994, pp. 87 – 125.

John R. Oneal, Bruce M. Russet, "The Classical Liberals Were Right: Democracy, Interdependence, and Conflict, 1950 – 1985," *International Studies Quarterly*, Vol. 41, No. 2, 1997, pp. 267 – 293.

Kenneth N. Waltz, "Structural Realism after the Cold War," *International Security*, Vol. 25, No. 1, 2000, pp. 5 – 41.

Kenneth N. Waltz, "The Emerging Structure of International Politics," *International Security*, Vol. 18, No. 2, 1993, pp. 44 – 79.

Keren Yarhi-Milo, Alexander Lanoszka, and Zack Cooper, "To Arm or to Ally? The Patron's Dilemma and the Strategic Logic of Arms Transfers and Alliances," *International Security*, Vol. 41, No. 2, 2016, pp. 90 – 139.

Martha Finnemore and Kathryn Sikkink, "International Norm Dynamics and Political Change," *International Organization*, Vol. 52, No. 4, 1998, pp. 887 – 917.

Matthew Fuhrmann and Todd S. Sechser, "Signaling Alliance Commitments: Hand-Tying and Sunk Costs in Extended Nuclear Deterrence," *American Journal of Political Science*, Vol. 58, No. 4, 2014, pp. 919 – 935.

Melvin Small and J. David Singer, "The War-Proneness of Democratic Regimes, 1816 – 1965," *The Jerusalem Journal of International Relations*, Vol. 1, No. 4, 1976, pp. 50 – 69.

Michael Doyle, "Kant, Liberal Legacies, and Foreign Affairs," *Philosophy and Public Affairs*, Vol. 12, No. 3, 1983, pp. 205 – 235.

Michael Doyle, "Liberalism and World Politics," *American Political

Science Review, Vol. 80, No. 4, 1986, pp. 1151 – 1169.

Peter J. Katzenstein, Robert O. Keohane, and Stephen D. Krasner, "International Organization and the Study of World Politics," International Organization, Vol. 52, No. 4, 1998, pp. 645 – 685.

Paul Diehl, "Geography and War: A Review and Assessment of the Empirical Literature," International Interactions, Vol. 17, No. 1, 1991, pp. 11 – 27.

R. J. Rummel, "Libertarianism and International Violence," Journal of Conflict Resolution, Vol. 27, No. 1, 1983, pp. 27 – 71.

Randall L. Schweller, "Bandwagoning for Profit: Bringing the Revisionist State Back in," International Security, Vol. 19, No. 1, 1994, pp. 72 – 107.

Randall L. Schweller, "Domestic Structure and Preventive War: Are Democracies More Pacific?" World Politics, Vol. 44, No. 2, 1992, pp. 235 – 269.

Richard K. Ashley, "The Geopolitics of Geopolitical Space," Alternatives: Global, Local, Political, Vol. 12, No. 7, 1987, pp. 403 – 434.

Robert Axelrod, "An Evolutionary Approach to Norms," The American Political Science Review, Vol. 80, No. 4, 1986, pp. 1095 – 1111.

Robert H. Jackson and Carl G. Rosberg, "Why Africa's Weak States Persists: The Empirical and the Juridical in Statehood," World Politics, Vol. 35, No. 1, 1982, pp. 1 – 24.

Robert O. Keohane, "Ideas Part-way Down," Review of International Studies, Vol. 26, No. 1, 2000, pp. 125 – 130.

Robert O. Keohane, "The International Energy Agency: State Power and Transgovernmental Politics," International Organization, Vol. 32, No. 4, 1978, pp. 929 – 952.

Robert O. Keohane and Joseph S. Nye, "Transgovernmental Relations and International Organizaitons," *World Politics*, Vol. 27, No. 1, 1974, pp. 39 – 62.

Solomon W. Polachek, "Conflict and Trade," *Journal of Conflict Resolution*, Vol. 24, No. 1, 1980, pp. 55 – 78.

Ryder Mckeown, "Norm Regress: US Revisionism and the Slow Death of the Torture Norm," *International Relations*, Vol. 23, No. 1, 2009, pp. 5 – 25.

Stephen Krasner, "Structural Causes and Regime Consequences: Regimes As Intervening Variables," *International Organization*, Vol. 36, No. 2 (1982), pp. 185 – 205.

Stephen Krasner, "Wars, Hotel Fires, and Plane Crashes," *Review of International Studies*, Vol. 26, No. 1, 2000, pp. 131 – 136.

Steve Smith, "Wendt's World," *Review of International Studies*, Vol. 26, No. 1, 2000, pp. 151 – 163.

Stuart A. Bremer, "Dangerous Dyads: Conditions Affecting the Likelihoodof Interstate War, 1816 – 1965," *Journal of Conflict Resolution*, Vol. 36, No. 2, 1992, pp. 309 – 341.

Thomas S. Wilkins, " 'Alignment', not 'Alliance' —the Shifting Paradigm of International Security Cooperation: Toward a Conceptual Taxonomyof Alignment," *Review of International Studies*, Vol. 38, No. 1, 2012, pp. 53 – 76.

Tongfi Kim, "Why Alliances Entangle but Seldom Entrap States," *Security Studies*, Vol. 20, No. 3, 2011, pp. 350 – 377.

Zee Maoz, "The Democratic Peace since World War II," in Bruce Russett, *Grasping the Democratic Peace: Principles for a Post-cold War World*, Princeton: Princeton University Press, 1993, pp. 72 – 98.